Florian Basler

50 Ratgeber in 100 Minuten

Florian Basler

50 Ratgeber in 100 Minuten

Die Lehren der Bestseller
von Dale Carnegie über Stefanie Stahl
und Tim Ferriss bis Eckhart Tolle

YES

Originalausgabe
1. Auflage 2021

Türkenstraße 89, 80799 München
info@yes-publishing.de

Umschlaggestaltung: Ivan Kurylenko (hortasar covers)
Layout und Satz: Carsten Klein, Torgau

Druck: CPI books GmbH, Leck
Printed in Germany

ISBN Print 978-3-96905-036-1
ISBN E-Book (EPUB, Mobi) 978-3-96905-037-8
ISBN E-Book (PDF) 978-3-96905-038-5

Inhalt

Liebe, Beziehungen
und
Kommunikation

1

Eva-Maria Zurhorst

Liebe dich selbst und es ist egal, wen du heiratest

»Lebensabschnittspartnerschaft« ist ganz bestimmt eines der weniger eleganten Wörter der deutschen Sprache. Und es beschreibt, wenn man genauer darüber nachdenkt, eine eher unschöne Herangehensweise an die Liebe. Wir leben in einer Konsum- und Wegwerfgesellschaft, kaufen neue Kleider, obwohl die alten im Schrank kaum einen anderen Makel haben, als dass wir uns an sie gewöhnt haben. Es muss ein neues Handy sein, weil die Werbung uns verspricht, wir würden mit einem anderen Modell glücklicher werden als mit dem vorherigen. Aber ist das wirklich so? Sind wir mit etwas Neuem zwangsläufig besser dran? Und: Ist es nicht ein großer Fehler, dass wir die Verbrauchsmentalität auch auf unsere zwischenmenschlichen Beziehungen übertragen? Davon zumindest ist Eva-Maria Zurhorst überzeugt, die mit *Liebe dich selbst und es ist egal, wen du heiratest* den bis heute wohl erfolgreichsten deutschen Paarratgeber geschrieben hat. Eine Partnerschaft muss nicht lediglich für einen kurzen Abschnitt unseres Lebens halten. Mit etwas Übung und gutem Willen reicht es auch für die gesamte Spanne.

Die Autorin selbst geriet nach der Geburt ihrer Tochter in eine leider alles andere als ungewöhnliche Situation. Sie saß allein zu Hause, kümmerte sich um das Kind, während ihr Mann zur Arbeit fuhr. Ihre Unzufriedenheit kompensierte sie mit der Lektüre unzähliger Ratgeber, zudem besuchte sie Vorträge des US-amerikanischen Paarberaters Chuck Spezzano, der Krisen in einer Beziehung nicht als Anfang vom Ende, sondern grundsätzlich als Chance für den Neubeginn sieht. Eva-Maria Zurhorst erfuhr: Wer eine kriselnde Ehe retten möchte, muss zunächst an sich selbst arbeiten und ein beziehungsfähiger Mensch werden. Ganz offensichtlich hat die Autorin diese Aufgabe mit Bravour bewältigt – sie ist mit ihrem Mann zusammengeblieben; die Ehekrise der Anfangsjahre ist überwunden. Und nicht nur das: Die beiden gehen im Team auf Lesereise und halten Vorträge darüber, wie sich das Projekt einer langfristigen Beziehung verwirklichen lässt.

Was also macht uns zu erfolgreichen Liebenden? Zunächst einmal müssen wir einsehen: Die wahre Beziehung beginnt erst dann, wenn die rosarote Phase des ersten Verliebtseins vorbei ist. Fast jedes Paar kommt früher oder später in den Niederungen der Wirklichkeit an. Der Prinz des ersten Abends verwandelt sich in einen mittelalten Normalo mit Bauchansatz und Stirnglatze, die aufregende Prinzessin in eine langweilige Hausfrau. Die romantischen Hoffnungen, die wir anfänglich in die neue Beziehung gesetzt haben, weichen einer herben Enttäuschung. An dieser schrecklich öden Person soll nun all mein Liebesglück hängen? Viele von uns beenden an diesem Punkt die Partnerschaft und suchen panisch das Weite.

Eva-Maria Zurhorst hält diesem Fluchtverhalten eine überraschende These entgegen: Die Partnerschaft, in der wir gerade leben – sagt sie –, ist die beste, die wir bekommen können. Es lohnt sich immer, daran zu arbeiten. Und was wir für diese Arbeit brauchen, ist lediglich etwas Kampfgeist und ein gesundes Maß an Selbstliebe. Nach dem Ende des ersten Verliebtseins nämlich legen wir alle unsere Masken ab. Wir geben uns nicht mehr ununterbrochen Mühe, unseren Partner:innen zu gefallen, sondern zeigen uns, wie wir wirklich sind. Umgekehrt allerdings sind wir enttäuscht, wenn wir in dieser Phase der Beziehung statt des Prinzen oder der Prinzessin plötzlich einen ganz normalen Menschen zu sehen bekommen. Wir messen mit zweierlei Maß: Während wir selbst so geliebt werden möchten, wie wir nun einmal sind, soll unser:e Partner:in sein, wie wir ihn oder sie gern hätten. Das ist erstens nicht sonderlich fair. Und zweitens lässt sich aus dieser Schieflage langfristig keine ausgeglichene Partnerschaft aufbauen.

Die Lösung besteht darin, dass wir an uns selbst arbeiten. Wir können unsere seltsamen Traumbilder hinter uns lassen, nicht länger einen Prinzen oder eine Prinzessin einfordern, sondern uns mit einer realen Person zufriedengeben. Wir können aufhören, eine Beziehung einzuklagen, die *irgendwie anders* ist, und stattdessen unserer *tatsächlichen* Partnerschaft eine Chance geben. Wenn wir aufhören, an unserer:m Partner:in herumzunörgeln, dafür aber unsere Zuneigung sowie Verständnis für den wirklichen Menschen zeigen, wird sich unsere Beziehung mit großer Wahrscheinlichkeit positiv entwickeln. Es steigen die Chancen, dass auch wir selbst glücklicher werden.

Oder anders gesagt: Unser:e Partner:in ist nicht verantwortlich für unser gesamtes Lebensglück. Das sind immer noch wir selbst. Wir müssen Frieden schließen mit uns selbst – was keine einfache Sache ist und ein langwieriger Prozess sein kann. Eva-Maria Zuhorst gibt uns ihrem Ratgeber allerdings etliche Tipps und schildert in zahlreichen Beispielen, wie die Sache mit der wahren und langfristigen Liebe gelingen kann.

Lesbarkeit: 📖📖📖📖
Informationsgehalt: 📖📖📖📖

2

Gary Chapman

Die fünf Sprachen der Liebe. Wie Kommunikation in der Partnerschaft gelingt

Könnte man als Paar nicht ewig verliebt bleiben wie am ersten Tag? Die Antwort lautet leider Nein. Alle Erfahrungen – und auch die wissenschaftliche Forschung – weisen darauf hin, dass die rosafarbene Anfangsphase einer Beziehung in der Regel nach zwei Jahren ihr Ende findet. Uns fallen die kleinen Dinge auf, die Schmutzwäsche, die unser:e Partner:in überall liegen lässt; die langatmigen Monologe, die wir uns nach dem zweiten Glas Wein ständig anhören müssen. Nach dem Abflauen der ersten Verliebtheit stellen wir fest, dass wir von einer langfristigen Alltagsbeziehung wohl leider unterschiedliche Dinge erwarten. Um trotzdem zusammenzubleiben und das Vertrauen aufzubauen, das es braucht für eine lebenslange Zuneigung, müssen wir miteinander kommunizieren. Wir müssen einander möglichst genau beschreiben, was wir persönlich brauchen, um glücklich zu sein.

Aber was für ein Dilemma, wenn wir dann in der Liebe gar nicht dieselbe Sprache sprechen! Ein Beispiel für eine solche Situation liefern

Andrea und Mark, zwei ehemalige Klienten des Autors. Beide waren seit Längerem nicht mehr zufrieden in ihrer Ehe. Andrea beklagte, dass Mark bis zu 50 Stunden in der Woche im Büro verbrachte. Und Mark fühlte sich ungeliebt, weil Andrea ihn kaum noch in den Arm nahm oder küsste. Sie drückten sich offensichtlich in gänzlich unterschiedlichen Sprachen der Liebe aus: Andreas Sprache war die Zweisamkeit, und Marks Sprache war die Zärtlichkeit. Da sie einander nicht verstanden, wuchsen die Zweifel, ob sie von dem oder der jeweils anderen überhaupt noch geliebt würden. Es war, als wäre der Tank ihrer Liebe leer, weil der andere ihn nicht mehr füllte.

Um an unserer Beziehung arbeiten zu können, müssen wir also herausfinden, welche Sprache unser:e Partner:in spricht. Chapman unterscheidet fünf verschiedene Sprachen der Liebe:

- *Die Sprache des Lobs und der Anerkennung.* Manche Menschen fühlen sich nur dann geliebt, wenn sie Komplimente bekommen und von ihrem:r Partner:in ausdrücklich positiv bewertet werden. Auch wenn anderen diese Sprache vielleicht aufgesetzt vorkommt, kann dieser Charaktertyp mit dem richtigen Lob eine erstaunliche Energie entwickeln. Warum nicht gelegentlich aussprechen, dass sie in dem neuen Kleid fantastisch aussieht? Warum soll er nicht wissen, dass er ein prima Vater ist?
- *Die Sprache der Zweisamkeit.* Diese Sprache der Liebe ist wertvoll in unserer schnellen und stressvollen Zeit. Manche finden es normal, bei einem gemeinsamen Essen das Handy hervorzuholen. Andere brauchen vielleicht die ungeteilte Aufmerksamkeit, um sich geliebt zu fühlen. Es geht um Quality Time, um die Zeit, die wir bewusst miteinander verbringen.

- *Die Sprache der Geschenke.* Auch wenn uns selbst Geschenke vielleicht oberflächlich vorkommen: Für viele Menschen haben Geschenke, sofern sie von Herzen kommen, eine große Bedeutung. Wenn wir darauf eingehen, können wir den Liebestank dieses Typs vergleichsweise einfach auffüllen.
- *Die Sprache der Hilfsbereitschaft.* Hier geht es um nicht materielle Zuwendung. Unser:e Partner:in fühlt sich geliebt, wenn wir von uns aus, ohne dass er:sie darum bitten muss, unsere Hilfe anbieten. In dieser Sprache der Liebe sind die kleinen Gesten wichtig – eine aufgehaltene Tür, ein bisschen Hilfe im Haushalt.
- *Die Sprache der Zärtlichkeit.* Für viele Menschen sind Berührungen die richtige Sprache. Es gilt herauszufinden, welche Form der Zärtlichkeit für unsere:n Partner:in die richtige ist: eine leichte Berührung, Händchenhalten beim Spaziergang oder regelmäßiger Sex.

Wenn der Tank gut gefüllt ist, haben wir die Kraft, auch selbst wieder in die Beziehung zu investieren. Werden wir in der richtigen Sprache angesprochen, können wir aufmerksamer sein und selbst die richtige Sprache der Liebe finden. Wir können uns selbst und unsere:n Partner:in befragen, wo deren Vorlieben liegen, wir können ausprobieren, auf welche Sprache wir positiv reagieren. Oder umgekehrt: Wir horchen in uns hinein, welcher Mangel in der Beziehung uns am meisten verletzt. Haben wir uns einmal auf die richtige Sprache der Liebe verständigt, ist das gemeinsame Glück auch langfristig möglich.

Lesbarkeit: 📖📖📖📖
Informationsgehalt: 📖📖📖📖📖

3

Dale Carnegie

Wie man Freunde gewinnt. Die Kunst, beliebt und einflussreich zu werden

Dale Carnegie ist ohne Zweifel der Vater der Selbsthilfeliteratur. Man könnte auch sagen: der Großvater. Der Autor lebte von 1888 bis 1955 und wuchs in ärmlichen Verhältnissen auf, aus denen er es mit dem Verkauf seiner Bücher zu erstaunlichem Reichtum brachte. Noch heute stehen seine Ratgeber in jeder gut sortierten Buchhandlung, auch wenn Carnegies Empfehlungen zum Umgang mit unseren Mitmenschen inzwischen ein wenig naiv oder gar überheblich klingen mögen – als ließen sich andere mit Geschick und Freundlichkeit jederzeit zu unserem eigenen Vorteil manipulieren. Vielleicht sagt unsere Skepsis gegenüber Carnegies unerschütterlichem Glauben an die Wirkung eines aufrichtigen Lächelns aber auch mehr über uns selbst und unsere Gegenwart aus als über ihn selbst. Carnegie schrieb zu Beginn des 20. Jahrhunderts für ein Publikum, das sein positives Menschenbild noch teilen konnte.

Kritisiert werden wir alle eher ungern. An anderen hingegen finden wir praktisch immer etwas auszusetzen. Was wir uns über unsere Partner:innen, unsere Arbeitskolleg:innen, unsere Vorgesetzten aufregen können! So berechtigt unsere Kritik aber auch sein mag, wenn wir sie vortragen, führt sie selten zu einer Veränderung im Verhalten der anderen. Es ist, als würden diese den eingeschlagenen Kurs trotzig weiterfahren, sobald wir sie auf ein Problem hinweisen. Je mehr wir andere kritisieren, desto weniger wollen sie uns zuhören. Oder wie Dale Carnegie sagte: »Vorwürfe sind wie Brieftrauben, sie kehren immer wieder in den eigenen Schlag zurück.«

Der Autor formulierte sechs Tipps, wie wir uns bei unseren Mitmenschen beliebt machen können:

- *Wir sollten uns aufrichtig für andere interessieren.* Kleine Aufmerksamkeiten erhalten die Freundschaft. Wir können uns zum Beispiel den Geburtstag unserer Mitarbeiter:innen merken und überraschend einen Gruß senden.
- *Ein Lächeln wirkt Wunder.* Der erste Eindruck, den wir auf andere machen, ist entscheidend. Dabei können wir authentisch sein: Wenn wir lächeln, werden wir innerlich tatsächlich fröhlich.
- *Der eigene Name ist für viele Menschen das schönste Wort.* Wenn wir andere persönlich ansprechen, werden sie wohlwollend auf uns reagieren.
- *Seien wir gute Zuhörer.* Wenn sich jemand wütend über uns beschwert, sollten wir bis zum Schluss ruhig zuhören. Nachdem die Luft abgelassen ist, hat sich das Problem oftmals von selbst erübrigt.
- *Sprechen wir von Dingen, die andere interessieren.* Wenn wir zuerst über die Kindheit, den Geburtsort, die Hobbys oder beruf-

lichen Schwerpunkte des anderen sprechen, werden wir für unser eigenes Anliegen aufmerksame Zuhörer haben.

- *Bestätigen wir andere in ihrem Selbstbewusstsein.* Ganz pragmatisch können wir uns einen Zettel mit der Aufschrift »Jeder ist bedeutend« an den Badezimmerspiegel kleben. Viele Menschen haben lange kein freundliches Wort mehr gehört und werden sich uns öffnen, nachdem wir ihre besonderen Talente und Eigenschaften erkannt haben.

Haben wir diese Regeln zum freundlichen Umgang verinnerlicht, werden wir erfolgreich aus den Begegnungen mit unseren Mitmenschen hervorgehen. Wir können zuvorkommend sein, unsere Fragen so stellen, dass unsere Gesprächspartner:innen gar nicht erst mit Nein antworten müssen. So vermeiden wir jeden Streit, der unsere Freundschaften und Geschäftsbeziehungen zu unserem Nachteil beschädigen würde. Das ist – zumindest für Dale Carnegie – das Wichtigste im Leben: dass wir von allen und stets und ständig gemocht werden. Vielleicht gab es vor knapp hundert Jahren, als das Buch veröffentlicht wurde, noch deutlich mehr nettere Zeitgenossen?

Lesbarkeit: 📖📖📖📖

Informationsgehalt: 📖📖

4

Olivia Fox Cabane

Das Charisma-Geheimnis. Wie jeder die Kunst erlernen kann, andere Menschen in seinen Bann zu ziehen

In New York nahm Norma Jean die U-Bahn. Sie saß auf ihrem Platz, eine normale Frau, vielleicht ein bisschen müde und in sich versunken. Sie unterschied sich kaum von den anderen Fahrgästen, weshalb sie niemandem auffiel. Dann stieg Norma Jean aus, fuhr mit der Rolltreppe hinauf in den sonnenhellen Tag, trat auf die Straße und verwandelte sich: in Marilyn Monroe. Mit ein paar Griffen hatte sie ihre Frisur zurechtgesteckt, eine andere Körperhaltung eingenommen. Alle Blicke richteten sich sofort auf diese Frau.

Was Marilyn Monroe in dieser Anekdote wie auf Knopfdruck einschalten kann, nennt sich Charisma. Die Ausstrahlung, die von einigen Menschen ausgeht, der besondere Glanz, der diese Menschen für uns alle attraktiv macht. Tatsächlich ist mehrfach wissenschaftlich untersucht und bestätigt worden: Charismatische Menschen wirken sympathischer und überzeugender, sie sind erfolgreicher im Beruf, verdienen mehr Geld und sind seltener gestresst als andere. Der Ursprung des Charismas allerdings ist mystisch verklärt: Viele glauben, es handele sich um eine angeborene Eigenschaft. Tatsächlich – und das wissen wir nicht erst seit Marilyn Monroe – wird uns die Ausstrahlung aber nicht mit in die Wiege gelegt, sondern muss bewusst eingesetzt werden. Wie das funktioniert, erklärt die Autorin Olivia Fox Cabane recht pragmatisch und anwendbar in ihrem Buch *Das Charisma-Geheimnis*.

Zunächst einmal hat Ausstrahlung sehr viel mit unserer Körpersprache zu tun, wobei zu beachten wäre, dass unsere Mitmenschen durchaus ein echtes Lächeln von einem aufgesetzten unterscheiden können. Bei einem echten Lächeln bewegen sich die Mundwinkel nach oben *und* die Innenseiten unserer Augenwinkel senken sich. Bei einem aufgesetzten Lächeln hingegen zucken zwar die Mundwinkel, aber unsere Augenpartie bleibt leblos. Stellt sich die Frage, wie wir an unserem Charisma arbeiten können, wenn sich unsere Körpersprache gar nicht direkt beeinflussen lässt. Ganz einfach – indem wir sie *indirekt* beeinflussen.

Unser Hirn kann wirkliche Bilder nicht von fantastischen unterscheiden, weshalb wir bereits gute Laune bekommen, wenn wir uns den Lottogewinn nur vorstellen. Wollen wir ein glaubwürdiges Lächeln hinbekommen, reicht es daher schon, wenn wir uns innerlich dazu passend in einen fröhlichen Zustand versetzen. Wir nutzen den aus der Medizin bekannten *Placebo-Effekt:* Menschen bekommen eine Tablette verabreicht, die keinen Wirkstoff enthält, werden jedoch in dem Glauben gelassen, es handelte sich um ein echtes Medikament, weshalb die Heilung trotzdem einsetzt. Wollen wir fröhlich wirken, müssen wir an etwas denken, was uns wirklich fröhlich macht.

Um charismatisch zu wirken, sollten wir außerdem im Moment leben. Wenn wir uns unterhalten, dürfen wir nicht abgelenkt sein, sondern müssen den anderen zuhören, am besten Wort für Wort. Wenn wir Aufmerksamkeit schenken, erregen wir dadurch die Aufmerksamkeit anderer. Sind wir aber abwesend, dann haben wir keine Wirkung – als wären wir nicht da. Die Welt ist voller Ablenkung, kaum jemand ist immun gegen all die klingelnden Telefone, die ständigen Anfragen und Angebote. Zeigen wir den anderen jedoch, dass wir willens sind, ihnen zuliebe den Versuchungen des Alltags zu widerstehen, dann wirkt das sehr sympathisch. Manchmal entscheiden die ersten fünf bis zehn Minuten einer Begegnung, ob Leute sich längerfristig in unserer Gesellschaft wohlfühlen. Wie das Sprichwort schon sagt: Der erste Eindruck zählt.

Es gibt verschiedene Charisma-Typen, von denen wir den passenden für uns finden sollten:

- *Fokus-Charisma.* Menschen dieses Typs geben uns das Gefühl, uns gehöre stets ihre ganze Aufmerksamkeit. Ein Beispiel ist der amerikanische Ex-Präsident Bill Clinton.
- *Visionäres Charisma.* Diese Menschen inspirieren und überzeugen uns von ihren Vorstellungen – so wie der ehemalige Apple-Chef Steve Jobs.
- *Charisma der Güte.* Diese Menschen geben uns das Gefühl, dass wir gesehen und akzeptiert werden. Man denke an den Dalai Lama.
- *Autoritäres Charisma.* Diese Menschen scheinen die Macht zu haben, unser aller Leben zu verändern.

Ein schüchterner Mensch kann das *Charisma der Güte* ausstrahlen, wird aber kaum überzeugend als Autorität wahrgenommen werden. Dass wir uns für den passenden Typus entschieden haben, merken wir daran, dass wir uns in unserer Rolle wohlfühlen. Überhaupt wird niemand das Charisma voll entfalten können, solange ihn:sie innerlich die Weltuntergangsstimmung befallen hat. Darum hier noch zwei Tipps gegen den Jammer:

- Schauen wir auf andere. Wenn wir ehrlich sind, erkennen wir, dass unsere Mitmenschen mit ähnlichen oder größeren Problemen zu kämpfen haben. Und das bedeutet, dass unsere Leiden gar nicht so schrecklich sind, sondern eher im Bereich des Normalen liegen.
- Denken wir an gestern. Da war doch noch alles okay! Und wenn es gestern okay war, kann es heute nicht für immer schlimm sein, oder?

Lesbarkeit: 📖📖📖📖📖

Informationsgehalt: 📖📖📖📖

5

Paul Watzlawick

Anleitung zum Unglücklichsein

Die Leser:innen haben davon mitbekommen: Es gibt so einiges an Ratgeberliteratur. Erstmals in Mode waren die Selbsthilfebücher zu Beginn der 1980er-Jahre: Wie werde ich schön? Wie werde ich reich? Wie stricke ich mir die pinkfarbenen Aerobic-Socken von Lady Di? Einer, dem diese Mode auf die Nerven ging, war der österreichische Philosoph und Psychoanalytiker Paul Watzlawick, der im Jahr 1983 beschloss, die Sache umzukehren und einen Anti-Ratgeber zu schreiben – seine *Anleitung zum Unglücklichsein.* Selbstverständlich war Watzlawick viel zu clever, um wirklich nur ein Ulk-Buch zu schreiben. Die *Anleitung* funktioniert durchaus als seriöses Selbsthilfebuch – man muss nur alle Tipps darin ins Gegenteil verkehren. Watzlawick war radikaler Konstruktivist und ging davon aus, dass nicht die tatsächliche Beschaffenheit der Realität entscheidend ist, sondern lediglich, wie wir die Wirklichkeit sehen und interpretieren.

Alle Welt ist auf der Suche nach Glück. Aber seien wir ehrlich: Wenn wir ins Kino gehen oder einen Literaturklassiker aufschlagen – was interessiert uns dann? Wollen wir eine problemlose Geschichte ohne jede Überraschung? Unaufgeregte Liebeleien, Händchenhalten bis zum Sankt-Nimmerleins-Tag? Niemals! Wir wollen Weltuntergangsszenarien, hinterhältigen Betrug, das ganz große Drama. Wir brauchen also, wenn wir es recht überlegen, nicht mehr Glück auf der Welt, sondern mehr Unglück.

Ein einfacher Weg auf diesem Ziel ist der Kontakt zu anderen Mitmenschen. Schon klar: Der Partner ist unerträglich, die Kolleginnen auf der Arbeit sind hundsgemein. Wie aber kann es gelingen, dass wir ganz allein für unser Unglück sorgen? Auch das ist einfach. Wir müssen nur die Gedanken und Meinungen unserer Mitmenschen ignorieren, immer nur unserer eigenen Weltsicht folgen, dann finden wir garantiert ins Unglück. Richten wir uns ausschließlich nach unseren persönlichen Vorstellungen und Träumen, werden wir von der Wirklichkeit in hübscher Regelmäßigkeit enttäuscht werden.

Ein ganz heißer Tipp wäre zudem, dass wir die Vergangenheit glorifizieren. Wenn wir uns gebetsmühlenartig einreden, dass früher alles besser war, werden wir in der Gegenwart schon irgendwann Probleme bekommen. Sollten wir zum Beispiel ein Alkoholproblem haben, müssen wir nur den Tag verfluchen, an dem wir unser erstes Bier tranken. Das wird uns ziemlich sicher davon abhalten, irgendetwas gegen unseren Alkoholismus zu unternehmen.

Die wohl berühmteste Passage aus der *Anleitung zum Unglücklichsein* ist die Geschichte mit dem Hammer. Ein Mann will ein Bild aufhängen. Nägel hat er, der Hammer fehlt leider. Also beschließt er, seinen Nachbarn zu fragen, aber er gerät auf dem Weg zu dessen Haustür ins Zweifeln. Hat ihn der Nachbar nicht gestern so seltsam gegrüßt? Hat dieser Mensch am Ende etwas gegen unschuldige Menschen einzuwenden, die keinen Hammer besitzen? Als der Nachbar die Tür öffnet, schreit der Mann ihn an: »Behalten Sie doch Ihren Hammer!« – Und was lernen wir daraus? Wir müssen möglichst lange und intensiv darüber nachdenken, was alles Schlimmes passieren könnte. Wir sollten uns einbilden, dass hinter unserem Rücken getuschelt wird. Irgendwann werden wir unsere negativen Erwartungen dann auf die Wirklichkeit übertragen können.

Der vermutlich ergiebigste Quell des Unglücks sind Liebesbeziehungen. Stellen wir uns ein Ehepaar beim Frühstück vor. Die Frau hat dem Mann eine Packung Cornflakes gekauft. Der Mann mag keine Cornflakes, will die Frau aber nicht enttäuschen, deshalb löffelt er jeden Morgen brav sein Schälchen leer. Als er kurz vor Ende der Packung seiner Frau erklären will, dass sie die Cerealien nicht nachkaufen soll, hat die Frau aber schon längst die nächste Packung besorgt. Schließlich liebt ihr Mann doch Cornflakes, oder nicht? Isst er doch immer! – Wie wir sehen, gibt es in jedem Gespräch zwei Kommunikationsebenen: die Objektebene (der Mann mag keine Cornflakes) und die Beziehungsebene (er will seine Frau nicht enttäuschen). Mit ein bisschen Konzentration können wir uns grundsätzlich für die Ebene entscheiden, die unser Partner oder unsere Partnerin gerade nicht wählt. So haben wir stets Anlass für Enttäuschung und Streit. Der Mann isst schweigend die Cornflakes? Nie sagt er die Wahrheit! Er erklärt, dass er keine Cornflakes möchte? Ihm kann man es nie recht machen! Ist das nicht wunderbar? Die reinste Zauberei.

Fazit: Ein absoluter Klassiker, der sich nicht ohne Grund millionenfach verkauft hat. Ein verdrehtes Buch, aus dem man trotzdem viel lernen kann.

Lesbarkeit: 📖📖📖📖📖
Informationsgehalt: 📖📖📖📖

6

Friedemann Schulz von Thun

Miteinander reden 1. Störungen und Klärungen. Allgemeine Psychologie der Kommunikation

Der Titel führt womöglich auf die falsche Fährte: *Miteinander reden* – das klingt so schlicht, man könnte ein eher oberflächliches Buch erwarten. »Du, lass mal reden, wird dann sofort alles gut!« Tatsächlich verbirgt sich unter dem Buchdeckel ein absoluter Klassiker der Kommunikationspsychologie, den die Studierenden meist zu Beginn des ersten Semesters auf ihrer Lektüreliste finden. Es geht weniger um den automatischen Nutzen eines jeden Redens als vielmehr um das *Wie* unserer Kommunikation. Genauer: In unseren verbalen und nicht verbalen Gesprächen beschäftigen wir uns mit dem *Senden* und *Empfangen* von Nachrichten. Dieser Prozess findet auf vier Ebenen statt: der *Sachebene,* der *Ebene der Selbstkundgabe,* der *Beziehungsebene* und der *Appellebene.* Sind wir uns dieser vier Ebenen bewusst, können wir Konflikte mit unseren Mitmenschen leichter lösen oder von vornherein vermeiden.

Die *Sachebene* bezeichnet den Informationsgehalt einer Aussage. Wenn jemand bei Tisch sagt: »Kannst du mir bitte das Salz geben?«, dann bedeutet das sachlich: Unser Gast benötigt Salz.

Auf der *Ebene der Selbstkundgabe* gibt der Sender während des Sprechens etwas über sich selbst preis. Wenn zum Beispiel jemand in einer Bücherei, in der eigentlich geflüstert werden sollte, rücksichtslos in sein Handy gackert, dann zeigt er allen anderen: »Meine Mitmenschen sind mir egal.«

Die *Beziehungsebene* beschreibt das Verhältnis, das der Sender zum Empfänger aufbaut. Auch hier geht es oft um die nicht sprachliche Kommunikation. Wenn ein junger Mann in einem Café lange eine hübsche Frau anblickt, dann sagt er auf der Beziehungsebene: »Ich finde dich attraktiv.«

Die *Appellebene* bezeichnet das, was wir als Sender beim Empfänger auslösen möchten. Sitzen wir mit verschränkten Armen, geschlossenen Augen und Kopfhörer auf einer Parkbank, so sagen wir: »Bitte sprich mich nicht an.«

Die auf diesen Ebenen enthaltenen Kommunikationssignale passen nicht immer gut zusammen. Tritt eine Freundin mit niedergeschlagener Miene zu uns an den Tisch und erklärt mit matter Stimme: »Mir gehts super heute«, dann zweifeln wir zu Recht an dieser Aussage. Die Freundin geht auf Nummer sicher: Niemand kann ihr vorwerfen, sie habe sofort mit dem Jammern begonnen. Gleichzeitig kann sie später sagen: »War doch klar, dass es mir schlecht ging.« Um mit einer derart zweischneidigen Nachricht umzugehen, sollten wir den Widerspruch direkt ansprechen: »Bist du sicher, dass es dir gut geht? Du machst einen ganz anderen Eindruck.«

Nicht nur der Sender, auch der Empfänger kann erheblich zum Misslingen einer Kommunikation beitragen. Während der Sender grundsätzlich alle vier Kommunikationsebenen bedient, haben wir als Empfänger gewissermaßen vier separat schaltbare Antennen. Ein Mensch mit mangelndem Selbstbewusstsein, der sich schnell angegriffen fühlt, empfängt jede Nachricht auf der Beziehungsebene. Ein:e Autist:in hingegen verarbeitet nüchtern nur die Sachinformation. Redet nun der:die Autist:in mit einem sensiblen Gefühlsmenschen, wird das vermutlich schnell zum Konflikt führen, weil das das betont Zwischenmenschliche (»Sie mag mich nicht!«) und das betont Sachliche (»Was hat er denn?«) nicht gut zueinanderpassen. Um den Konflikt zu umgehen, können wir unsere schwächeren Antennen bewusst zuschalten. In einem Geschäftsmeeting wird es vor allem um Sachinformationen gehen – deshalb sollten wir uns auf die Zahlen und Fakten konzentrieren, um schnell zu einem Ergebnis zu kommen. In einem Beziehungsstreit wäre genau das die falsche Herangehensweise – hier sollten wir die *Selbstkundgabe*-Antenne einschalten und herausfinden, was dem:der Partner:in auf der Seele liegt.

Am besten funktioniert Kommunikation, wenn unsere Signale in sich stimmig sind. Geht es uns schlecht, sollten wir nicht mit hängenden Schultern das Gegenteil behaupten und unnötig Verwirrung stiften. Für andere sind wir viel einfacher zu lesen, wenn wir unsere miese Laune deutlich benennen. Und falls wir das nicht wollen oder ein Privatgespräch in der Situation nicht angemessen ist, können wir genau das ansprechen: »Mir geht es nicht gut, aber ich möchte nicht darüber reden.« Das ist immer noch höflicher, als unsere Mitmenschen mit unserem Verhalten so sehr zu verunsichern, dass sie sich am Ende für unsere schlechte Laune verantwortlich fühlen.

Manchmal ist unsere Kommunikation dermaßen gestört, dass wir in einen sinnlosen Kreis aus dauerhaftem Senden und Empfangen geraten. In Streitgesprächen ist das eine beliebte Falle: »Ich will mich nicht ständig von dir kritisieren lassen!« – *»Du hast doch angefangen!«* – »Aber nur, weil du …« Um aus dieser Endlosschleife herauszukommen, müssen wir auf die Metaebene des Gesprächs wechseln. Manchmal nutzt es, wenn wir ganz freundlich den Sinn eines Streits hinterfragen: »Sag mal, streiten wir eigentlich noch um die Sache, oder machen wir uns gegenseitig nur Vorwürfe?« Denn letztlich ist es doch so: Am liebsten wären wir immer und auf allen vier Kommunikationsebenen zufrieden.

Lesbarkeit: 📖📖📖
Informationsgehalt: 📖📖📖📖📖

7

Robert Greene

Power – 48 Gesetze der Macht

Ein umstrittener Mann, der liebe Herr Greene. Als im Herbst 2020 eine Instagram-Story einer feministischen Protestaktion darauf aufmerksam machte, dass sein Buch *Die 24 Gesetze der Verführung* zum psychischen Missbrauch anleite, sah sich sein deutscher Verlag veranlasst, das Buch noch einmal zu bearbeiten. Wenig später wurde der Titel aus dem Programm genommen – mit dem Hinweis, die »gesellschaftliche Debatte zu toxischen Beziehungen und psychischem Missbrauch« habe »zu Recht zugenommen«. Robert Greene trägt zu dieser Debatte offenbar negativ bei, seine Texte liefern, so die Kritiker:innen, eine Anleitung zur Manipulation anderer, zur psychischen Gewalt. Gleichzeitig hat der Autor namhafte Fans wie Will Smith und Jay-Z auf seiner Seite und wird vom US-amerikanischen Kulturmagazin *The New Yorker* als »Machiavelli des Hip-Hop« bezeichnet. Greene selbst sagt über sich, er sei weder ein sonderlich böser noch ein guter Mensch. Er sei ganz einfach ein Realist.

Der wohl erfolgreichste und bekannteste Titel des Autors ist sein Erstling, in dem es um die »48 Gesetze der Macht« geht. Ohne große moralische Bedenken beschreibt Greene, wie man zielstrebig an die Macht kommen kann – beruflich, zwischenmenschlich, gesellschaftlich. Hier einige seiner Gesetze zur Kostprobe:

Macht durch Schmeichelei. Wollen wir auf der Karriereleiter die nächsthöhere Sprosse erklingen, wäre es eigentlich naheliegend, unseren Vorgesetzten zu zeigen, wie fähig wir sind. Genau das ist womöglich der falsche Weg. Überstrahlen wir andere mit unserer Leistung, fühlt sich der:die Vorgesetzte vielleicht auf den Schlips getreten. Eigentlich ist er:sie doch selbst der:die Beste! Sinnvoller ist es deshalb, unsere Vorgesetzten schlauer aussehen zu lassen als alle anderen – inklusive uns selbst. Sie werden uns dafür lieben und befördern.

Macht durch die Leistungen anderer. Der Erfinder Thomas Edison arbeitete mit etlichen talentierten Wissenschaftlern zusammen. Einer von ihnen war der junge Serbe Nikola Tesla, dem es schließlich gelang, den von Edison entwickelten Dynamo tatsächlich zum Laufen zu bringen. Der Öffentlichkeit präsentierte Edison die Entwicklung als seine eigene. Und genau so kommen wir ans Ziel. Wollen wir an die Macht, dürfen wir nicht davor zurückschrecken, aus der Arbeit anderer Profit zu schlagen.

Macht durch Unberechenbarkeit. Wir alle wollen einen sicheren Plan, dem wir folgen können. Genau diese Sehnsucht nach dem Vorhersehbaren sollten wir uns zunutze machen. Wir können unsere Gegner:innen einschüchtern, indem wir etwas Irritierendes tun und uns entgegen aller Erwartungen verhalten. Berühmt ist das Beispiel des amerikanischen Schachspielers Bobby Fischer. Als er 1972 gegen den russischen Champion Boris Spasski antreten musste, kam er auf die letzte Minute zum Turnier, beschwerte sich über den unbequemen Stuhl und verlor das erste Spiel durch unzählige Anfängerfehler. Das war das Gegenteil von dem, was Spasski erwartet hatte – sodass er die Fassung verlor und sich in den folgenden 14 Spielen geschlagen geben musste.

Macht durch Verführung. Im alten China wurde das Reich im Süden von König Meng Huo angegriffen. Der chinesische Chefstratege Zhuge Liang nahm den Angreifer gefangen; statt ihn jedoch zu bestrafen, bewirtete er ihn mit feinem Wein und köstlichem Essen. Dann ließ er ihn laufen. Meng Huo fühlte sich fortan dem chinesischen Reich verbunden und verzichtete auf weitere Angriffe. Fazit: Wir dürfen niemals unsere Macht anwenden, um andere in die Knie zu zwingen. Das würde sie nur weiter gegen uns aufbringen. Besser geben wir ihnen, was sie sich wünschen: einen Teil von unserem Reichtum und unserer Macht.

Macht durch Kooperation mit dem Feind. Wann immer wir an einer Abzweigung im Leben stehen oder eine wichtige Entscheidung treffen müssen, suchen wir Unterstützung bei unseren besten Freundinnen und Freunden. Und genau das ist falsch. Denn diese sind neidisch auf das, was wir erreicht haben. Wir sollten sie deshalb auf Abstand halten, wenn wir es ernst meinen mit der Macht. Aber wen können wir in wichtigen Situationen um Rat fragen? Natürlich unsere Feinde. Zum einen werden sie sich nicht scheuen, uns die Wahrheit zu sagen. Zum anderen können wir durch Kooperation mit unseren Gegner:innen unseren Einflussbereich erweitern.

So weit zu den Vorschlägen von Robert Greene. Realistisch? Ja, vielleicht. Allerdings vor allem in einer Gesellschaft voller karrieregeiler Soziopathen. Und wer möchte darin schon leben?

Lesbarkeit: 📖📖📖

Informationsgehalt: 📖📖

8

Joe Navarro

Menschen lesen. Ein FBI-Agent erklärt, wie man Körpersprache entschlüsselt

In unserer kleinen Zusammenstellung von Autorinnen und Autoren ist Joe Navarro vermutlich der eine Kandidat, dem am wenigsten eine Neigung zum Esoterischen nachgesagt werden kann. Navarro kam als Achtjähriger mit seinen Eltern aus Kuba in die USA und verdiente mehr als 25 Jahre lang sein Geld als Agent des FBI – als Spezialist in den Bereichen Spionageabwehr und Verhaltensanalyse. Navarros Buch bewegt sich thematisch nah an diesen Arbeitsbereichen. Es geht um die unbewusste Kommunikation, die nicht sprachlichen Signale, die andere Menschen aussenden und die wir mithilfe des Autors (ein wenig) zu lesen lernen. Lügner entlarven und wahre Freunde erkennen wie ein echter FBI Agent? Nun, die ganz großen Geheimnisse verrät Navarro in seinem Buch wohl nicht, wer sich jedoch für die Grundlagen der nonverbalen Kommunikation interessiert und die Mimik und Gesten seiner Mitmenschen verstehen möchte, ist hier zumindest nicht verkehrt.

»Zieh nicht so eine Schnute« – den Satz kennen wir fast alle. Unsere Eltern haben uns trainiert, damit wir unsere Gesichtsmuskeln zu kontrollieren lernen. Allerdings ist eine solche pädagogische Maßnahme nur deshalb sinnvoll, weil wir unseren Gesichtsausdruck tatsächlich steuern können. In Bezug auf unsere Arme und Beine fällt uns das deutlich schwerer – hier läuft ein Großteil der Bewegungen vollkommen unbewusst ab. Wollen wir etwas über die Stimmung unserer Gesprächspartner:innen erfahren, lohnt sich deshalb ein Blick auf die untere Körperhälfte:

- Jemand steht breitbeinig: »Du kommst hier nicht durch – ich bin der Chef!«
- Jemand zeigt im Gespräch mit den Füßen nicht auf uns, sondern zur Seite: »Ich fühle mich nicht wohl und will am liebsten gleich weg.«
- Jemand wippt mit Beinen und Füßen: »Ich habe dermaßen gute Laune, ich könnte tanzen!«
- Jemand sitzt mit gekreuzten Beinen vor uns: »Ich fühle mich sicher in deiner Gegenwart und muss nicht gleich weglaufen!«

Interessant sind selbstverständlich auch die Hände unserer Gegenüber. Was allein der Daumen auszudrücken vermag! Wird er – am besten in Kombination mit einem breiten Grinsen, nach oben gereckt, symbolisiert er unsere Zustimmung. Stecken wir unsere Hände in die Tasche, sollten wir darauf achten, dass zumindest der Daumen noch zu sehen ist: So signalisieren wir Selbstbewusstsein und sportlichen Charme. Vergraben wir die Hände hingegen inklusive der Daumen in unseren Hosentaschen, geben wir uns als schüchtern zu erkennen. Man versteht sofort: Wir fühlen uns nicht wohl.

Interessant sind die Gestik und Mimik anderer Menschen insbesondere dann, wenn wir herausfinden wollen, ob jemand lügt. Folgende Zeichen könnten ein Hinweis sein:

- Wer lügt, ist aufgeregt. Wer aufgeregt ist, beginnt zu zittern. Sind wir nicht sicher, ob jemand lügt, können wir Papier und Stift anbieten und schauen, ob wir an der Schrift ein Zittern ablesen können.
- Wer aufgeregt ist, neigt zu kleinen unbewussten Bewegungen. Die Hand fährt über den Nacken, die Finger berühren Stirn oder Schläfe, die Hose wird am Oberschenkel glatt gestrichen, als sollte sie nachträglich gebügelt werden.
- Wer oft lügt, versucht seine Körpersprache vielleicht bewusst unter Kontrolle zu halten. Füße, Hände und Augen, die sonst immer in Bewegung sind, stehen plötzlich still.
- Das Timing von Worten und Gesten stimmt nicht. Möchte jemand eine Lüge durch eine große Handbewegung unterstreichen, muss er sich sehr konzentrieren – und verpasst oftmals den richtigen Moment.
- Ein falsches Lachen kann ebenfalls auf eine Lüge hinweisen. Wir erkennen es daran, dass beim Lachen die Augen ihre Größe nicht verändern. Wenn jemand ehrlich lacht, werden die Augen nämlich kleiner.

Hundertprozentig sichere Beweise sind diese körperlichen Signale selbstverständlich nicht. Dafür sind wir Menschen einfach zu verschieden. Wollen wir die Körpersprache richtig lesen, sollten wir deshalb möglichst viel über unsere Zielpersonen in Erfahrung bringen. Erst wenn wir wissen, wie jemand sich im Normalfall verhält, können wir Haltung und Bewegung sinnvoll interpretieren: Jemand, der grundsätzlich zappelig ist, verrät wenig über seinen aktuellen Gemütszustand, wenn er hibbelig vor uns sitzt. Und auch uns selbst dürfen wir aus der Rechnung nicht herausnehmen: Sehr viele Menschen geben automatisch acht auf ihre Mimik und Gestik, sobald sie merken, dass sie beobachtet werden!

Lesbarkeit: 📖📖📖

Informationsgehalt: 📖📖📖

9

Martin Wehrle

Der Klügere denkt nach. Von der Kunst, auf die ruhige Art erfolgreich zu sein

Wir stehen im Fahrstuhl. Die Tür öffnet sich, die Arbeitskollegin aus der Personalabteilung steigt zu. Die Frau ist sympathisch, wir kennen uns aus der Kantine, aber was sollen wir reden? Bis zum fünften Stock sind es garantiert zwanzig Sekunden, eine halbe Ewigkeit, die wir jetzt schweigend auf unsere Schuhe starren müssen. – Kennen Sie die Situation? Dann gehören Sie zu den eher introvertierten Menschen. Wären Sie ein extrovertierter Charakter, würden Sie die zwanzig Sekunden einfach durchplaudern. Ihnen würde garantiert ein Thema einfallen, um den Small Talk am Laufen zu halten.

Für introvertierte Menschen ist es schwer, in einer solchen Situation die passenden Worte zu finden. Das liegt nicht daran, dass sie nichts Interessantes zu sagen hätten oder grundsätzlich langweilige Charaktere wären. Sie sind durchaus fähig, sich in andere einzufühlen, und kennen sich selbst ausreichend gut, um über ihre persönlichen Eigenschaften zu sprechen. Aber so ist es eben: Während der extrovertierte

Mensch den Mund aufmacht und losplappert, erst beim Reden seine Gedanken formuliert, denken introvertierte Charaktere ausführlich nach und geben dann einen wohlformulierten Satz an die Öffentlichkeit. Eigentlich ungerecht, dass ihnen deshalb der Ruf der langweiligen Mauerblümchen anhaftet. Tatsächlich handelt es sich bei dieser Zuordnung um eine kulturelle Prägung: Während in westlichen Ländern die lautstarken Menschen als selbstbewusst gelten und sich mit ihrer Geschwätzigkeit in Beruf und Gesellschaft oft durchsetzen können, werden im asiatischen Kulturkreis eher die sensiblen und zurückhaltenden Menschen geschätzt.

Für diejenigen unter uns, die erfahren möchten, wie man sich trotz fehlender Lautstärke in den unterschiedlichsten Lebenslagen durchsetzen kann, hat der Lebens- und Karriere-Coach Martin Wehrle ein recht kurzweiliges Büchlein veröffentlicht. Für die Fahrstuhlsituation etwa empfiehlt er die *Reporter-Methode*. Stellen wir uns vor, wir müssten im Auftrag eines Fernsehsenders ein Interview mit der Kollegin aus der Personalabteilung führen. Die Kameras sind allein auf unsere Gesprächspartnerin gerichtet – das dürfte sich als erste Erleichterung bemerkbar machen. Zudem wollen wir dem TV-Publikum ja ein paar möglichst spannende und kuriose Details bieten – das wird uns helfen, keine langweiligen Fragen zu stellen. Die Reporter-Methode eignet sich besonders, um einen Einstieg ins Gespräch zu finden. Und haben wir die Unterhaltung einmal ins Laufen gebracht, werden wir erfahrungsgemäß kein Problem bekommen, sie auch weiterzuführen – zumindest nicht für die Dauer einer Fahrstuhlfahrt.

Für einen introvertierten Menschen ist es hilfreich, sich auf eine Situation vorbereiten zu können. Der Pizzabote hat ja auch kein Problem, an fremden Türen zu klingeln – weil er weiß, dass er genau das liefert, was gewünscht ist. In einem Bewerbungsgespräch zum Beispiel gäbe es für uns bei ausreichender Vorbereitung gleich zehn Vorteile:

- *Die Analyse.* Als introvertierte Menschen können wir auf unsere Gedankenschärfe vertrauen. Also sollten wir vorab analysieren, was in vergleichbaren Gesprächen für uns gut funktioniert hat.
- *Beharrlichkeit.* Uns ist nicht an Spontaneität und Kurzfristigkeit gelegen. In einer Bewerbungssituation ist das ein Vorteil – schließlich geht es um eine Festanstellung, nicht um eine schnelle Tasse Tee.
- *Einfühlungsvermögen.* Viele introvertierte Menschen können sich gut in andere hineinversetzen. Überlegen wir also: Was erhoffen sich unsere Gesprächspartner:innen?
- *Verschriftlichung.* Extrovertierte Menschen können gut reden, unsere Stärke liegt in der schriftlichen Formulierung. Das kommt uns entgegen, wenn wir ein Bewerbungsschreiben aufsetzen müssen.
- *Vorbereitung.* Wir schreiben uns alle Fragen auf, die wir erwarten. Auch die, die wir fürchten.
- *Stimmungen.* Wir haben oftmals ein gutes Gefühl für Situationen. Achten wir darauf, wie unsere Gesprächspartner:innen reagieren, welche Themen ankommen und welche nicht.
- *Inneres Leuchten.* Schwätzer sind Blender. Introvertierte Menschen haben echte Begeisterung und Glauben an die Sache zu bieten.
- *Perspektivwechsel.* Wir können von uns erzählen, als sprächen wir von einer anderen Person. So vermeiden wir falsche Bescheidenheit.

- *Abschlussfrage.* Mit einer persönlichen, ernst gemeinten Frage am Ende des Gesprächs bleiben wir in Erinnerung.
- *Follow-up.* Schwätzer reden und verschwinden auf Nimmerwiedersehen. Wir schreiben noch ein E-Mail, bedanken uns für das Gespräch und bestärken unser Interesse.

Ganz ähnlich können wir in einem beruflichen Meeting oder einer privaten Situation unsere Schüchternheit überwinden. Wir lernen das Besondere unseres Charakters zu schätzen und erkennen, dass viele der lautstarken Ego-Typen gar nicht viel zu bieten haben.

Lesbarkeit: 📖📖📖📖📖
Informationsgehalt: 📖📖📖📖

10

Albert Thiele

Argumentieren unter Stress. Wie man unfaire Angriffe erfolgreich abwehrt

Vermutlich ein Zeichen der Zeit: Je mehr Halbwahrheiten und pseudowissenschaftliche Theorien verbreitet werden, desto öfter treffen wir auf vergleichsweise unangenehme Gesprächspartner:innen. Es gilt nur das, woran man selbst glaubt; jede Gegenmeinung führt zur Eskalation; Andersdenkende werden persönlich angegriffen oder niedergebrüllt. Wie sollen wir mit einer solchen Gesprächskultur umgehen? Albert Thieles Antworten sind so wunderbar konkret, dass sein Buch einem schriftlichen Coaching gleichkommt. Nicht bloß erklärt uns der Autor, wie wir mit rüpelhaften Verbaleskalateur:innen umgehen können, er bereitet uns zudem auf fast alle privaten und beruflichen Kommunikationssituationen vor.

Sobald wir absehen können, dass wir in eine anspruchsvolle Gesprächssituation geraten – etwa ein wichtiges Meeting, eine Podiumsdiskussion oder ein Bewerbungsgespräch –, ist eine sorgfältige Vorbereitung unverzichtbar. Haben wir ausreichend Informationen zu unserem Thema gesammelt, werden wir kaum noch panisch reagieren. Eine gute Vorbereitung besteht zudem darin, dass wir Wert auf unseren Auftritt legen. Ordentliche Kleidung und eine aufrechte Körperhaltung wirken respekteinflößend. Nicht zuletzt können wir ein paar Erkundigungen über unsere Gesprächspartner:innen einholen, damit wir uns auf die jeweiligen Interessen und Eigenarten einstellen können und bei unserem Aufeinandertreffen nicht überrascht werden.

Um in schwierigen Gesprächen einige Abwehrmaßnahmen parat zu haben, empfiehlt sich das sogenannte *Harvard-Konzept:*

- Wenn wir persönlich angegriffen werden (»Was Sie da sagen, ist kompletter Unsinn!«), gehen wir nicht auf die Provokation ein. Wir entschärfen die Aggression stattdessen mit einer Rückfrage: »Worin liegen Ihre Bedenken?«
- Auf sogenannte Killerphrasen (»Das nutzt doch alles nichts!« – »Wie wollen Sie das beweisen?«) reagieren wir ebenfalls mit einem Brückensatz: »Was würden Sie vorschlagen?«
- Unterbrechungen sprechen wir in aller Höflichkeit an: »Darf ich bitte ausreden?« – »Ich möchte Ihre Frage gern vollständig beantworten.«
- Hypothetische Fragen sollen unsere Kompetenz unterwandern (»Was machen wir, wenn bald schon das nächste Virus ausbricht?«). Wir reagieren, indem wir erklären, für wie unwahrscheinlich wir die Hypothese halten (»Vermutlich werden wir es zunächst mit einer Mutation zu tun bekommen, auf die wir vorbereitet sind.«).
- Absurde Behauptungen und falsche Zahlen parieren wir, indem wir um die Angabe einer Quelle bitten oder darauf hinweisen,

dass wir selbst uns zu diesem Thema noch umfassend informieren werden. Wichtig ist, dass wir sachlich bleiben, da die falschen Zahlen in großer Runde eine enorme Wirkung entfalten und sich gegen uns richten können.

- Von Abwehrgesten (ständiges Gähnen, Beschäftigung mit dem Handy) lassen wir uns nicht einschüchtern; vielmehr verwickeln wir die rüpelhafte Person durch gezielte Fragen und Ansprachen ins Gespräch.

In einigen Situationen bleibt uns nur wenig Zeit, um unsere Message an den Mann oder die Frau zu bringen. Typisch sind Medieninterviews, Verhandlungen oder hektische Gespräche im kleinen Kreis, in denen wir von einer Aufmerksamkeitsspanne von 30 bis 60 Sekunden ausgehen können. Um trotzdem gehört zu werden, können wir uns an die *Fünfsatztechnik* halten:

- *1. Satz:* Wir formulieren unsere Einleitung. Zum Beispiel: »Erlauben Sie mir dazu eine kurze Anmerkung.«
- *2. Satz:* Wir präsentieren unsere Argumente.
- *3. Satz:* Wir nehmen die Argumentation der Gegenseite vorweg.
- *4. Satz:* Es wird Zeit für unsere Schlussfolgerung.
- *5. Satz:* Der sogenannte Zwecksatz, der aus einer Bekräftigung unseres Vorschlags oder einer Aufforderung zum Handeln besteht und unsere eigene Haltung zur Ausgangsbasis des weiteren Gesprächs macht.

Für den Fall, dass wir trotz aller Vorbereitung in eine schwierige Situation geraten, sollten wir »Inseln im Wasser« vorbereiten. Zu diesem Zweck formulieren wir vorab einige Kernsätze unserer Argumentation, auf die wir zurückkommen können, falls eine unfaire Bemerkung uns aus dem Konzept bringt oder das Gespräch etwa durch Unruhe im Saal unterbrochen wird. Eines gilt unter allen Umständen: Wir lassen uns nicht provozieren, sondern vertreten ruhig und gefestigt unseren Standpunkt.

Lesbarkeit: 📖📖📖

Informationsgehalt: 📖📖📖📖📖

11

Gloria Beck

Verbotene Rhetorik. Die Kunst der skrupellosen Manipulation

Würden wir mit jemandem den Abend verbringen wollen, der uns tief in die Augen schaut und gesteht: »Ich weiß, wie ich dich beeinflussen und steuern kann.«? Wahrscheinlich würden wir uns den Manipulationsversuchen eines solchen Menschen eher widersetzen wollen – womit wir beim Sinn dieses Buches wären. Sicherlich ist es auch für all jene geeignet, die ein paar Tricks lernen und sich beruflich und privat kompromisslos durchsetzen wollen. Aber auch für alle anderen ist der Text interessant, man könnte sagen: auch für die netten Menschen unter uns. Denn nur wenn wir die Tricks unserer moralisch weniger engagierten Gesprächspartner:innen durchschauen, können wir uns vor ihren Übergriffen schützen – und uns neue Freunde suchen.

Die Autorin zählt in ihrem Buch insgesamt 30 Manipulationstechniken auf – dankenswerterweise jeweils mit einem Eintrag auf der *Skala der ethischen Bedenklichkeit.* Die wichtigsten seien hier vorgestellt:

Die *Aktualisierungstechnik.* Um beruflich voranzukommen oder sonst einen Kontakt zu knüpfen, dürfen wir uns nicht in eine dunkle Ecke zurückziehen. Wir müssen dafür sorgen, dass man uns bemerkt, und einen positiven Eindruck hinterlassen. Seien wir stets hilfsbereit, um eine angenehme Atmosphäre zu schaffen. Stellen wir uns ein wenig in den Mittelpunkt und lassen gelegentlich eine kompetente Anmerkung fallen – ohne uns den anderen damit zu sehr aufzudrängen.

Die *Autoritätstechnik.* Wer sich sorgfältig kleidet – mit Anzug oder Kostüm –, vermittelt Autorität. Pünktlichkeit, Höflichkeit und Engagement sind ebenfalls unverzichtbar, möchte man die Anerkennung seiner Mitmenschen gewinnen. Kompetenz fällt nicht vom Himmel, wir müssen sie uns mühsam aneignen. Aber: Wer wirklich Ahnung von einem Thema hat, wirkt auf andere enorm überzeugend.

Die *Claqueurtechnik.* Der Mensch ist und bleibt ein Herdentier. Rufen im Theater alle bravo, sind auch wir der Meinung: Es muss wohl gut gewesen sein. Diesen psychologischen Hang zur einheitlichen Meinung können wir ausnutzen. Haben wir beispielsweise im Büro eine wichtige Präsentation, so sichern wir uns die Unterstützung unserer Kolleg:innen am besten schon im Vorfeld.

Die *Impression-Management-Technik.* Um herauszufinden, wie wir auf andere wirken, können wir mit unseren Freund:innen, unseren Partner:innen und Kolleg:innen sprechen. Was sind die Punkte, an denen wir arbeiten könnten? Um bei anderen einen guten Eindruck zu hinterlassen, sollten wir auf keinen Fall:

- zu Einschüchterungen und Bedrohungen greifen,
- in Problemsituationen hilflos erscheinen,
- uns ständig rechtfertigen und entschuldigen.

Die *Kontrasttechnik.* Es geht immer darum, dass wir positiv auf uns aufmerksam machen. Oder anders gesagt: dass wir uns von anderen unterscheiden und dadurch unsere Wirkung zu unserem persönlichen Vorteil verstärken. Warten wir in einem Meeting zum Beispiel ab, bis alle anderen ihre Meinung geäußert haben, so haben wir noch Energie, wenn alle anderen längst schlapp machen.

Die *Lügentechnik.* Wie oft am Tag lügt der Mensch? Die Antwort ist einigermaßen ernüchternd: durchschnittlich 200-mal. Wir sollten deshalb folgende Fragetechniken kennen, um die Lügenmäulchen zu entlarven:

- *Anstoßfragen.* Indem wir nach weiteren Details fragen, wird das Gesagte leichter überprüfbar.
- *Auswahlfragen.* Muss sich jemand zwischen *entweder* und *oder* entscheiden, bleibt nicht viel Zeit zum Nachdenken. Eine gute Lüge lässt sich aber nicht sekundenschnell aus dem Ärmel schütteln.
- *Herausforderungsfragen.* Bezichtigen wir unsere:n Gesprächspartner:in direkt der Lüge, wird er:sie sich schnell in Rechtfertigungen verstricken.
- *Zickzackfragen.* Springen wir zwischen unterschiedlichen Themen hin und her, erhöht sich das Tempo des Gesprächs – was verunsichernd wirkt auf Lügner:innen.

Die *Feindbildtechnik.* Nichts schweißt eine Gruppe so sehr zusammen wie ein gemeinsamer Feind. Ein deutliches Feindbild setzt Aggressionen frei, die wiederum stark motivierend wirken. Wut ist eine Energiequelle! Wir dürfen deshalb auch zu kräftigen Beschimpfungen greifen. »Ständig diese Schnorrer überall!« Wer hat gegen eine solche Pauschalität schon etwas einzuwenden?

Die *Reziprozitätstechnik.* Mutter Teresa war eher ein Einzelfall. Der Durchschnittsmensch handelt zumeist aus wenig selbstlosen Motiven: Wir geben, damit wir etwas bekommen. Das können wir für uns nutzen, wenn wir ein konkretes Ziel verfolgen und Einzelpersonen für bestimmte Zwecke auf unsere Seite ziehen wollen. Wenn wir die Person langfristig mit Aufmerksamkeiten und kleinen Gefallen beeinflussen, wird sie unterschwellig das Gefühl bekommen, in unserer Schuld zu stehen. Nun der besondere Trick: Wir bitten die Person um einen unmöglichen Gefallen, von dem wir wissen, dass sie ihn ablehnen wird. Später kommen wir mit unserem wahren Anliegen zurück und können sicher sein: Sie wird nicht noch einmal Nein sagen können.

Lesbarkeit: 📖📖📖📖

Informationsgehalt: 📖📖📖📖

Wohlbefinden
und
Psyche

12

Stefanie Stahl

Das Kind in dir muss Heimat finden. Der Schlüssel zur Lösung (fast) aller Probleme

Psychologen nennen die Summe all unserer Kindheitserfahrungen das »innere Kind«. Es lebt in unserem Unterbewusstsein und ist verantwortlich für viele Probleme, die uns auch im Erwachsenenleben noch verfolgen. Oder genauer: für viele unserer Stimmungen und Reaktionen, mit denen wir unangenehmen Situationen im Alltag begegnen. Unser:e Partner:in zum Beispiel könnte unseren Geburtstag vergessen haben. Stecken wir das mit einem Lächeln weg und verschieben die Feier? Oder brechen wir einen Streit vom Zaun und fahren auch diese Beziehung wieder gegen die Wand? In Stefanie Stahls Millionenbestseller *Das Kind in dir muss Heimat finden* lernen wir verschiedene Methoden, um unsere eingefahrenen Verhaltensmuster zu erkennen und in den Griff zu bekommen.

Ganz konkret können wir versuchen, unser inneres Kind in zwei Kategorien zu unterteilen. Haben wir in unserer Kindheit Kränkungen erfahren, beispielsweise Eltern gehabt, die uns immer wieder vorgehalten haben: »Deine Schwester macht alles besser als du«, so werden wir auch als Erwachsene oft überzeugt sein, dass wir uns nicht sonderlich geschickt anstellen. Die Stimme, die da so unangenehm in unserem Kopf flüstert, gehört unserem Schattenkind. Auch weniger offensichtliche Eingriffe der frühkindlichen Bezugspersonen haben negative Folgen – das überbehütete Kind, das keine eigenen Erfahrungen machen und deshalb kein intaktes Selbstbewusstsein entwickeln konnte; die fehlende körperliche Nähe, wegen der wir uns ungeliebt fühlen und zu anderen ein Leben lang auf Distanz bleiben.

Zum Glück gibt es neben dem Schattenkind auch unser Sonnenkind. All die schönen Momente unserer Kindheit haben sich als positive Glaubenssätze in uns verfestigt. Die Mutter, die zum Einschlafen bei uns saß und uns ein Gefühl der Sicherheit gegeben hat. Der Vater, der auch in schwierigen Situationen zu uns hielt. »Ich werde geliebt«, sagt das Sonnenkind. »Ich darf wohl mal einen Fehler machen.«

Auf die Einflüsterungen unseres Schattenkindes reagieren wir mit Schutzstrategien. Wer sich ständig sagt: »Ich genüge nicht«, wird einen übertriebenen Perfektionismus entwickeln, um jeden Fehler zu vermeiden. Das ist im wirklichen Leben natürlich kaum möglich. Glücklich und entspannt wird man mit derartigen Ansprüchen nicht, eher schon steuert man direkt in den nächsten Burn-out. Eine andere Schutzstrategie wäre, dass man sich für einen kompletten Rückzug entscheidet. Man versucht gar nichts mehr, verkümmert allein zu Hause.

Um die unguten Schutzstrategien zu überwinden, müssen wir die miesepetrigen Sätze des Schattenkindes erkennen und daraus die positiven Glaubenssätze des Sonnenkindes formulieren. Warum soll es immer heißen: »Ich bin wertlos«? Umgekehrt klingt es besser: »Ich bin wertvoll.« Aus: »Ich bin verantwortlich für andere«, kann werden: »Ich darf mein eigenes Ding machen.« Und wer behauptet, wir wären hässlich? Das Sonnenkind sagt: »Du bist definitiv schön genug.«

Fünf *Schatzstrategien* gibt die Autorin uns an die Hand, an die wir uns zukünftig halten können:

1. Wir lernen, gelegentlich Nein zu sagen. Ein freundliches Nein ist viel höflicher als ein wortloser Rückzug.
2. Wir akzeptieren dich, wie wir sind. Wir müssen nicht allen gefallen, auch nicht alles an uns selbst mögen. Trotzdem ist gut, wer und wie wir sind.
3. Schauen wir mit Abstand auf unser Verhalten. So können wir unsere Denk- und Gefühlsmuster erkennen und womöglich ändern.
4. Interpretieren wir unangenehme Situationen bewusst positiv. Wenn uns jemand blöd angrinst – vielleicht versucht er gerade ein Lächeln? Manchmal ist nicht die Realität das Problem, sondern unsere dunkel gefärbte Wahrnehmung.
5. Wir können schöne und sinnvolle Dinge tun. Von zu viel Fernsehen bekommen wir schlechte Laune, ein Spaziergang an der frischen Luft hingegen kann Wunder wirken.

Es geht also in diesem Buch darum, dass wir Verantwortung für uns selbst übernehmen. Das Schattenkind lebt in uns, es beeinflusst unser Erwachsenen-Ich. Aber wir können lernen, es mit Abstand zu behandeln – so wie Erwachsene ein Kind behandeln. Man hört die Ängste des Kindes, man versteht und tröstet es. Aber wenn das Kind wegen eines vergessenen Geburtstags gleich die Scheidung einreichen möchte, dann nehmen wir es in Zukunft nicht mehr ganz so ernst.

Lesbarkeit: 📖📖📖📖📖
Informationsgehalt: 📖📖📖📖📖

13

Ichiro Kishimi, Fumitake Koga

Du musst nicht von allen gemocht werden. Vom Mut, sich nicht zu verbiegen

Es klingt wie ein Werbe-Slogan, so oft hat man es gehört: ein ganz besonderes Buch! In diesem Fall trifft die Formulierung jedoch zu. Zum einen präsentieren die Autoren ihren Lebensratgeber in Form eines Gesprächs zwischen einem unglücklichen jungen Mann und einem altersweisen Philosophen, was den Text, hat man sich an das etwas spezielle Format gewöhnt, absolut kurzweilig und interessant macht. Zum anderen stellen Kishimi und Koga die Ratgeberwelt gewissermaßen auf den Kopf: Wo es sonst darum geht, dass wir uns für ein zufriedenes Leben vom Trauma der Kindheit und vom Einfluss unseres Umfelds befreien müssen, lautet hier die Devise: Wir sind längst frei. Kindheit und Umfeld dürfen wir nicht überbewerten.

Die Autoren beziehen sich mit ihren Thesen auf einen Mann namens Alfred Adler, der als Zeitgenosse Sigmund Freuds sowie als dessen enger Mitarbeiter im Wien der 1910er-Jahre lebte. Allerdings kam es früh zu einem Bruch mit Freud, da Adler eben nicht davon ausging, dass der Mensch von seinen Trieben und Beschädigungen gesteuert würde. Eigentlich ist das ja eine gute Nachricht: Das Leben stellt uns Aufgaben, die wir so gut oder schlecht bewältigen können, wie wir möchten. Die große Preisfrage ist natürlich, warum so viele Menschen dann derartige Probleme bei der Lebensbewältigung haben? Es entscheidet sich doch niemand dafür, *schlecht* zurechtkommen zu wollen, oder?

Nun, vielleicht doch. Nehmen wir an, jemand lebt unglücklich als Single. Es sei schon immer so gewesen, man leide eben an einer sozialen Störung, die Liebe der Eltern habe gefehlt, von den anderen Kindern sei man gehänselt worden. Nun hocke man mit einer unüberwindlichen Angst zu Hause auf dem Sofa und traue sich nicht vor die Tür. Kishimi und Koga würden mit Adler argumentieren: Eine solche Person entscheidet sich – bewusst oder unbewusst – selbst für die Isolation. Die Strategie ist ja zu gleichen Teilen Erfolg versprechend und bequem, denn vermutlich erregen wir mit diesem Verhalten sogar die Aufmerksamkeit unserer Eltern und Freunde, nach der wir uns sehnen.

Meist hat ein Mensch, der sich derart zurückzieht, eine große Angst vor Ablehnung und Zurückweisung. Wenn wir nicht auf andere Menschen zugehen, nichts ausprobieren, dann kann uns logischerweise auch nichts passieren. Allerdings ignorieren wir dabei eine der Grundwahrheiten des Lebens: Verletzungen und Fehler gehören dazu. Wenn wir alles Scheitern vermeiden wollen, vermeiden wir am Ende das Leben selbst. Und das kann nicht in unserem Interesse liegen – so wird unser Plan am Ende nach hinten losgehen. Wir sitzen allein zu Hause und sind unglücklich.

Nicht selten ist ein solcher Rückzug eine Reaktion auf die Funktionsweise des Kapitalismus. Unsere Gesellschaft unterteilt sich in Gewinner:innen und Verlierer:innen, und oftmals empfinden wir unsere Mitmenschen als Konkurrenten. Aber auch das ist eine Fehlwahrnehmung. Wir werden zwar im Laufe des Lebens immer wieder in Situationen geraten, in denen andere uns zuvorkommen wollen; unserem eigenen Glück steht das aber nicht im Weg – dafür bietet die Welt einfach zu viele Möglichkeiten. Es gibt keinen wirklichen Überlebenskampf zwischen uns und anderen; niemand will uns fressen. Wir überschätzen unsere eigene Wichtigkeit: Ständig machen wir uns Sorgen über unser Aussehen, unsere Frisur, unser Auftreten in der Gruppe. In Wahrheit ist es den anderen meist egal, ob wir Jeans oder Kostüm tragen, die Haare kurz oder lang. Wenn wir uns zu sehr nach anderen Menschen ausrichten, laufen wir Gefahr, grundlos ein fremdbestimmtes Leben zu führen.

Mal ganz davon abgesehen, dass die meisten Leute ja sehr nett sind. Wenn wir dann dem einen Idioten begegnen, den es natürlich auch gibt, dürfen wir nicht gleich davon ausgehen, die ganze Welt wolle uns in die Pfanne hauen. Wer sich selbst ständig zum Opfer stilisiert, lebt an der Wahrheit vorbei und riskiert entsprechende Fehlausrichtungen. Eine typische Folge dieser Selbstbesessenheit ist die Sucht nach Arbeit, die zumindest in der westlichen Gesellschaft weit verbreitet ist. Ständig denken wir an unsere Karriere, wollen uns vor anderen beweisen, uns Anerkennung und Respekt verdienen. Darüber vernachlässigen wir die Dinge, die uns vielleicht wirklich wichtig sind: unsere Familie, unsere Gesundheit und nicht selten eben unsere Freiheit zur Wahl. Es mag schwerfallen, ausgetretene Wege und negative Denkmuster zu verlassen. Im Grunde müssen wir uns dafür aber nur von den vermeintlichen gesellschaftlichen Erwartungen freimachen. Wir müssen uns entscheiden, dass wir *positiv* leben wollen, dann wird wahrscheinlich genau das geschehen.

Lesbarkeit: 📖📖📖📖📖
Informationsgehalt: 📖📖📖📖

14

Stefanie Stahl

So stärken Sie Ihr Selbstwertgefühl. Damit das Leben einfach wird

Bekannt geworden ist Stefanie Stahl mit ihrem Verkaufsschlager *Das Kind in dir muss Heimat finden*. Das noch stärkere Buch ist vielleicht dieser Nachfolgetitel, in dem die Autorin sich mit dem Problem des mangelnden Selbstwertgefühls auseinandersetzt. Oder wie sie selbst es formuliert: mit den drei Begriffen *Selbst, Wert* und *Gefühl*.

Im Prinzip kennen wir diesen unangenehmen Zustand wohl alle. Wir stehen vor einer wichtigen beruflichen Herausforderung oder vor einem aufregenden privaten Treffen, wir müssen eine öffentliche Rede halten oder vielleicht nur zum Telefonhörer greifen, um einen wichtigen Anruf zu erledigen. Und plötzlich hören wir eine innere Stimme, die uns sagt: *Du schaffst das nicht.* Wir empfinden Angst und Scham, spüren ein Zittern und Herzrasen, vielleicht kommt gar Atemnot dazu. Für die meisten Menschen, sollte man glauben, ist eine solch heftige Reaktion eher die Ausnahme – tatsächlich geraten jedoch viele von uns erstaunlich regelmäßig in derartige Situationen. Hintergrund ist womöglich ein geringes Selbstwertgefühl, in dessen Folge wir kein stabiles Vertrauen in unsere eigenen Fähigkeiten aufbauen können. Unsere Wahrnehmung ist verzerrt: Wo die eigenen Schwächen überdeutlich empfunden werden, wachsen die Stärken der anderen logischerweise auf unerreichbare Größe.

Was lässt sich tun? Zunächst einmal versetzt uns das niedrige Selbstwertgefühl dauerhaft in Alarmbereitschaft. Wir haben ständig Angst, dass uns ein Fehler unterlaufen könnte oder wir die falsche Entscheidung fällen. Unsere Lebensqualität leidet enorm: Ein beschädigtes Selbstwertgefühl lässt sich mit einer schlecht verheilten Wunde vergleichen, die auch in undramatischen Alltagssituationen wieder aufreißt. Alles, was wir erleben, wird als Kränkung empfunden und auf die eigene Person bezogen. Fragt beispielsweise die Kollegin, ob wir die wichtige E-Mail schon abgeschickt haben, fahren wir sofort aus der Haut: »Ich arbeite doch schon den ganzen Tag!« Fragt der Partner, ob wir noch vom Nachtisch wollen, empfinden wir das als frotzelnden Hinweis auf unsere gescheiterten Diätversuche. Vor lauter Erschöpfung und Gekränktheit versuchen wir geradezu zwanghaft, alles richtig zu machen. Unter keinen Umständen wollen wir noch eine Angriffsfläche bieten. Das führt natürlich in einen Teufelskreis: Niemals können wir *wirklich* alle Fehler vermeiden oder die eigenen Bedürfnisse so weit zurückfahren, dass wir allen – zumal vermeintlichen! – Anforderungen entsprechen. Unsere innere Resignation wächst nur weiter an. Die unrealistischen und überhöhten Erwartungen an uns selbst machen uns fix und fertig.

Wenn nun der verletzte Rückzug oder der ehrgeizige Kampf gegen unsere Schwächen keine Besserung bringen, dann hilft nur ein Schritt in die andere Richtung – nämlich auf uns selbst zu. Wir sollten herausfinden, was unsere tatsächlichen Stärken und Schwächen sind, ganz ohne die Zuspitzungen, die unser niedriges Selbstwertgefühl uns einreden möchte. Um zu einer realistischen Einschätzung unserer Person zu kommen, können wir beispielsweise mit einer Freundin oder einem Freund sprechen. Haben wir dann einmal herausgefunden, was unsere wahren Schwächen und Stärken sind, wird es uns leichter fallen, sie anzunehmen. Sobald wir zukünftig glauben, dass wir etwas nicht schaffen können, begrüßen wir unsere Unsicherheit wie eine alte Bekannte. *Ah, da ist ja mein niedriges Selbstwertgefühl. Vermutlich will es nur wieder, dass ich mich falsch einschätze.* Verblüffenderweise lösen die Selbstzweifel sich oftmals auf, sobald wir sie erkannt und akzeptiert haben.

Vor allem in Beziehungen ist mangelndes Selbstbewusstsein eine Bremse. Wir schweigen, weil wir glauben, ohnehin nicht gehört zu werden. Wir halten unsere eigenen Wünsche zurück, weil wir das Gefühl haben, am Ende stets überstimmt zu werden. Das Problem ist, dass es bald in uns zu kochen beginnt – der Ärger staut sich an, bis es zum großen Knall kommt und die Beziehung wirklich Schaden nimmt. Besser ist es deshalb, wenn wir nicht vorwurfsvoll reagieren, sondern im Gespräch auf unser Innenleben hinweisen: *Was du da sagst, verletzt mich gerade.* Mit der Wut verhält es sich wie mit der Unsicherheit: Sobald wir sie akzeptieren und benennen, vielleicht sogar mit anderen darüber sprechen, wird sie an Stärke verlieren.

Übrigens lässt sich unser Selbstwertgefühl im Alltag trainieren. Großen Spaß macht die von der Autorin vorgeschlagene Paparazzi-Übung: Wir stellen uns vor, wir wären ein berühmter Hollywood-Star, der auf der Straße von neugierigen Fotografen verfolgt wird. Natürlich ziehen wir etwas Schönes an, wenn wir das Haus verlassen. Wir gehen möglichst aufrecht und selbstbewusst, legen ein freundliches Gesicht auf. Und siehe da: Unsere äußere Haltung überträgt sich auf unser Innenleben!

Lesbarkeit: 📖📖📖📖📖
Informationsgehalt: 📖📖📖📖📖

15

Christina Berndt

Resilienz. Das Geheimnis der psychischen Widerstandskraft. Was uns stark macht gegen Stress, Depressionen und Burn-out

Man kann es sich heute kaum noch vorstellen, aber der Begriff *Stress* stammt tatsächlich erst aus dem Jahr 1936. Damals verwandte ihn der Mediziner und Hormonforscher Hans Selye, um einen »körperlichen Zustand unter Belastung« zu beschreiben. Natürlich haben Menschen auch zuvor schon Stress empfunden. So richtig zur Zivilisationskrankheit scheint der Stress aber erst in diesem Jahrtausend geworden zu sein – also seitdem das Alltagstempo infolge der Digitalisierung noch einmal angezogen hat. Wir leiden unter der ständigen Erreichbarkeit, ebenso unter unzähligen Auswahlmöglichkeiten und Angeboten. Burnout, Depression und Angstsymptome haben sich so sehr verbreitet, dass sie fast zum Normalfall geworden sind. Und da wir nicht davon ausgehen können, dass der Stress sich in naher Zukunft wieder legen wird, stellt sich die Frage, wie wir am besten damit zurechtkommen und uns ein möglichst dickes Fell zulegen können.

Sind eigentlich alle Menschen genau gleich stressempfindlich? Ganz klares Nein. Einige Leute verfallen in eine mehrtägige Krise, wenn nur das Nudelwasser überkocht. Andere scheinen mit jeder Krise zu wachsen und ihre Persönlichkeit weiter herauszubilden. Ein berühmtes und eher krasses Beispiel ist die Österreicherin Natascha Kampusch, die als 10-Jährige entführt und anschließend für acht Jahre in einem Keller gefangen gehalten wurde. Obwohl sie es also mit deutlich mehr als dem heutzutage üblichen Handy-Stress zu tun hatte, stand sie nach ihrer Flucht erstaunlich gefasst vor den Kameras und erklärte, was geschehen war und was sie sich für ihr weiteres Leben vorstellen konnte. Wahrscheinlich hatte Natascha Kampusch keine Wahl – sie musste sich den Medien stellen, um je wieder Ruhe zu bekommen. Trotzdem: Andere wären zerbrochen an dem, was sie erlebt hatte. Natascha Kampusch schien weiterleben zu wollen und auch zu können. Diese Eigenschaft der großen psychischen Widerstandkraft nennt sich Resilienz.

Wie sich herausgestellt hat, haben Menschen mit resilienten Persönlichkeiten einige Dinge gemeinsam. Es sind Menschen, die den Kopf nicht in den Sand stecken, sondern eher kämpferisch auf Schwierigkeiten reagieren. Optimismus ist wichtig, denn um Probleme überwinden zu können, muss vorstellbar sein, dass sie sich überhaupt werden überwinden lassen. Humor ist ebenfalls nötig – wer über seine Probleme lachen kann, bleibt seelisch eher im Gleichgewicht. Und nicht zuletzt schadet auch ein Funken Intelligenz nicht, denn man will ja durchdenken können, wie man herauskommt aus dem aktuellen Schlamassel. Gute und stabile Beziehungen in der Familie fördern ebenfalls die Widerstandskraft. Wer sich in der Kindheit auf seine Eltern hat verlassen können, glaubt eher daran, dass die Dinge im Leben gut ausgehen können.

Aber auch wenn wir keine optimistischen und humorvollen Intelligenzbolzen aus wunderbar intakten Familienverhältnissen sind, müssen wir uns nicht gleich verloren geben. Unsere Widerstandfähigkeit hat viel mit der Situation zu tun, in der wir uns befinden. Studien zu Heimkindern in Rumänien aus der Zeit des Ceauşescu-Regimes ergaben, dass die Kinder infolge ihrer Misshandlungen und ihrer groben Vernachlässigung seelische Traumata und ein schwaches Immunsystem davongetragen hatten. Diejenigen allerdings, die nach der Wende in liebevollen Pflegefamilien unterkamen, erholten sich schnell. In psychischer und physischer Hinsicht.

Neben den sozialen Umständen hat Resilienz auch neurobiologische Wurzeln. Resiliente Menschen können das Stresshormon Cortisol nach dem Schreck schneller wieder abbauen als andere. Ebenfalls eine Rolle spielt das sogenannte Glückshormon Serotonin. Dessen Transport hängt von einem Gen ab, das es in zwei Ausführungen gibt. Menschen mit einem »längeren« Serotonintransporter-Gen neigen weniger zu Depressionen und sind weniger verletzlich als solche mit einem kurzen Gen – zumindest in der Tendenz. Entscheidend ist am Ende immer das Zusammenspiel von Veranlagung und äußeren Einflüssen. Wenn wir im Alltag für ausreichend Ruhe und Entspannung sorgen und uns in einem liebevollen Umfeld bewegen, dann kommen wir auch mit einem »kürzeren« Gen über die Runden.

Was können wir tun, um unsere Resilienz zu stärken? Die American Psychological Association hat folgende Tipps:

- Wir sollten solide Beziehungen aufbauen und existierende Sozialkontakte stärken.

- Veränderungen im Leben sollten wir akzeptieren.
- Wenn wir uns erreichbare Ziele setzen, erfahren wir Bestätigung, keine Enttäuschung.
- Unsere Ziele sollten wir möglichst entschlossen angehen.
- Unsere eigene Persönlichkeit sollten wir möglichst genau kennen.
- Beginnen wir, unseren Fähigkeiten zu vertrauen!
- Ruhe ist wichtig. Handy aus! Und wäre es nicht an der Zeit, mal wieder früh ins Bett zu gehen?

Lesbarkeit: 📖📖📖📖

Informationsgehalt: 📖📖📖

16

Walter Mischel

Der Marshmallow-Effekt. Wie Willensstärke unsere Persönlichkeit prägt

Walter Mischels Experiment gilt als eines der bekanntesten in der Geschichte der Psychologie. In den 1960er-Jahren befragte der junge Österreicher, der mit seinen Eltern vor den Nationalsozialisten in die USA geflohen war, eine Gruppe von vierjährigen Kindern nach ihrer jeweiligen Lieblingssüßigkeit. Meist handelte es sich um Marshmallows, die dem Experiment später seinen Namen gaben. Die Süßigkeit wurde den Kindern gezeigt, dann ging der Versuchsleiter aus dem Raum, und die jungen Teilnehmenden durften selbst entscheiden: Entweder sie betätigten eine Glocke, riefen damit den Leiter zurück und bekamen die Wahlspeise sofort. Oder sie geduldeten sich, bis er von selbst zurückkam – und erhielten zur Belohnung ein zweites Stück der Süßigkeit.

Einigen Kindern gelang es tatsächlich, der Verlockung zu widerstehen. Sie lenkten sich ab, erzählten sich selbst Geschichten oder begannen auf dem Stuhl zu kippeln, was ihre Widerstandkraft offensichtlich erhöhte. Die Wissenschaftler erklärten den Kleinen sogenannte *Wenn-dann-Pläne*: Sobald sie merkten, dass ihre Hand sich in Richtung der Glocke bewegte, sollten sie zu singen beginnen. Diese Strategie half zumindest den geduldigen und willensstarken Kindern, noch länger durchzuhalten.

Ob der Mensch einer Versuchung widersteht oder zum Schokoriegel greift, hat mit zwei unterschiedlichen Regionen des Hirns zu tun. Das limbische System, das aus einer frühen Evolutionsphase stammt, ist für unsere impulsiven Reaktionen verantwortlich. Je öfter es aktiviert wird, desto schwerer fällt es uns, unsere ungestümen Reaktionen zu unterdrücken. Für unser rationales Handeln hingegen ist ein System im präfrontalen Kortex zuständig, über das wir Entscheidungen treffen und Dinge vorausplanen können. Das limbische System ist bereits nach der Geburt aktiv – selbst ein Baby kann impulsiv nach der Milch schreien. Der verhaltensregulierende präfrontale Kortex hingegen entwickelt sich erst im Laufe der Jugend. Geduld und Selbstkontrolle müssen erlernt werden.

Interessanterweise stellte Walter Mischel im Verlauf seiner weiteren Studien fest, dass diejenigen Kinder, die bereits in jungem Alter eine gewisse Willensstärke bewiesen und mit dem Belohnungsaufschub zurechtkamen, später im Erwachsenenalter zu größerer Selbstkontrolle befähigt waren und auf Stresssituationen seltener panisch reagierten. Sie wurden zu willensstarken Menschen, die selbstbewusster und lebensfähiger waren als andere. Da sich die für die Verhaltensregulation zuständige Hirnregion ausbilden lässt, wäre es natürlich interessant zu wissen, was genau wir tun können, um diese Entwicklung voranzutreiben.

Zum einen können Eltern den Faktor Selbstkontrolle schon während der Erziehung berücksichtigen. Wenn unser Kind traurig ist oder gerade einen Wutanfall hat, ist es ratsam, seine Aufmerksamkeit auf etwas Lustiges zu lenken oder ihm ein Lieblingsspielzeug zu zeigen. So wird es lernen, dass sich unsere Emotionen gezielt steuern lassen, was wiederum die Fähigkeit zur Selbstkontrolle fördert. Wenn wir früh lernen, uns selbst zu beruhigen und abzulenken, werden wir später den Versuchungen im Leben besser widerstehen können.

Des Weiteren sollten wir unseren Kindern zeigen, dass ihr Handeln Konsequenzen hat. Im Grunde handelt es sich auch bei diesem Erziehungskniff um einen Wenn-dann-Plan: *Wenn* das Kind regelmäßig Klavier übt, *dann* wird es schnell besser werden. Um den Unterschied zwischen Erfolg und Misserfolg zu erklären, sollten wir es stets loben, wenn es sich bei einer Sache bemüht hat, und es trösten, wenn ihm ein Fehler unterlaufen ist. Es gehört nun einmal zum Wachsen dazu, dass man gelegentlich etwas falsch macht. Wir sollten dem Kind beibringen, dass es sich nicht lohnt, sich groß darüber aufzuregen. Wichtig ist jedoch bei allem Verständnis für die Schwierigkeiten unserer Kinder, dass wir sie zum Durchhalten motivieren. Wenn die Kinder und jungen Erwachsenen an sich glauben und kontinuierlich an sich arbeiten, wird ihnen im Leben vieles gelingen.

Um an unserer eigenen Fähigkeit zur Selbstkontrolle zu arbeiten, können wir Folgendes tun:

- Wir sollten möglichst oft an die langfristigen Folgen unseres Verhaltens denken. So bilden wir eine *psychologische Distanz* zu unserem Tun, was gut ist für die Selbstkontrolle. Das Rauchen einer Zigarette zum Beispiel wird uns kurzfristig Befriedigung verschaffen, ist langfristig aber nicht gut für die Gesundheit.

- Wir können uns konditionieren, indem wir *Wenn-dann-Pläne* für uns etablieren. Wenn wir regelmäßig mit dem Weckerklingeln aufstehen, uns die Joggingschuhe anziehen und loslaufen, wird uns ein solches Verhalten bald normal erscheinen und nicht mehr schwerfallen.
- Die *Wenn-dann-Pläne* können wir auch nutzen, um uns auf konkrete Situationen vorzubereiten. Wenn wir jedes Mal durchdrehen, wenn unser:e Partner:in die Zahnpastatube offen lässt, nehmen wir uns vor, beim nächsten Mal leise bis zehn zu zählen und anschließend darum zu bitten, dass die Tube zukünftig zugeschraubt wird.

Lesbarkeit: 📖📖📖📖
Informationsgehalt: 📖📖📖📖

17

Reinhard Haller

Die Narzissmusfalle. Anleitung zur Menschen- und Selbstkenntnis

Man könnte sagen: Narzissmus ist in Mode. Oder zumindest in aller Munde. Spätestens seitdem wir süchtig geworden sind nach dem Anblick unseres eigenen Gesichts auf Instagram und ein gewisser amerikanischer Präsident von sämtlichen internationalen Medien eben diese Diagnose erhalten hat, drängt sich allerdings die Frage auf, was sich wirklich hinter dem Begriff verbirgt. Bezeichnen wir uns vorschnell als Narzisst:innen? Oder leidet unsere Gesellschaft tatsächlich zu großen Teilen an der narzisstischen Krankheit? Reinhard Haller, ehemals Chefarzt einer psychiatrisch-psychotherapeutischen Klinik, verfasste als Gerichtsgutachter mehrere aufsehenerregende Gutachten, etwa zum Sexualmörder Jack Unterweger oder dem Briefbombenattentäter Franz Fuchs. In seinem Buch *Die Narzissmusfalle* erklärt er uns mit wohltuender Sachkenntnis, was echte Narzisst:innen ausmacht und wie wir mit ihnen umgehen können.

Im Grunde verhalten wir uns alle gelegentlich egoistisch. Das ist normal und gesund. Der Egoismus, also die Kunst, mit Nachdruck die eigenen Interessen durchzusetzen, unterscheidet sich allerdings deutlich von der Persönlichkeitsstörung, die sich Narzissmus nennt. Der Narzisst (den wir in Anlehnung an den etymologischen Ursprung in der griechischen Mythologie einmal in der männlichen Form belassen) ist nicht bloß selbstzentriert, sondern unfähig, sich in andere hineinzuversetzen. Und dieser Empathiemangel hat andere Folgen als die gelegentliche Solonummer, die wir uns alle gern gönnen. Ohne die Möglichkeit zur Einfühlung in andere wandelt sich eine persönliche Meinung schnell in ein allgemeingültiges Gesetz. Der Narzisst sagt nicht: »Mir schmeckt das Essen nicht.« Der Narzisst sagt: »Das Essen ist definitiv schlecht.« Der Narzisst ist unfähig zum Mitleid mit anderen. Wenn im Freundeskreis ein Unglück geschieht, stürzt ihn das nur deshalb in eine Krise, weil der Vorfall sich nah an seinem eigenen Leben ereignet. »Ausgerechnet heute muss ich zu einer Beerdigung, das passt mir überhaupt nicht!«

Ein derart unsympathischer Zeitgenosse könnte uns im Grunde egal sein. Leider präsentiert sich der handelsübliche Narzisst aber ausgesprochen angriffslustig. Die übertriebene Ich-Zentrierung dieser Menschen führt dazu, dass sie andere stets angreifen, entwerten und erniedrigen, um ihre eigene Überlegenheit herauszustellen. Gleichzeitig kann der Narzisst mit Kritik an seiner Person denkbar schlecht umgehen, denn wer sich selbst derart überhöht, lebt natürlich mit argen Zweifeln, dass der Supermannstatus einmal Risse bekommen könnte. Nicht nur Kritik, sondern schon das Ausbleiben von Lob und Bestätigung sind für den Narzissten ein unerträglicher Skandal.

Begünstigt wird die Persönlichkeitsstörung des Narzissten durch entsprechende Erfahrungen in der Kindheit. Zu große Aufmerksamkeit und Zuwendung der Eltern führen dazu, dass das Kind sich zu wichtig nimmt. Es muss selbst lernen, Lösungen für seine Probleme zu finden – was es nicht kann, wenn es ständig verhätschelt und bevormundet wird. So entsteht die Unfähigkeit, mit Kritik umzugehen: Wer immer alles richtig gemacht hat, wird davon ausgehen, dass sich auch später im Leben nichts daran ändern wird. Allerdings kann auch die genau umgekehrte Kindheitserfahrung zum Narzissmus führen. Vernachlässigte Kinder, die ganz ohne Liebe aufgewachsen sind, gieren oftmals noch im Erwachsenenalter nach Aufmerksamkeit und entwickeln darüber das narzisstische Verhalten.

Was nun, wenn wir es mit einem solchen Menschen zu tun bekommen? Wie verhalten wir uns, um nicht zur Zielscheibe der narzisstischen Persönlichkeit zu werden? Knapp formuliert: Wir vermeiden Kritik und halten dem Narzissten den Spiegel vor. Da er infolge seiner permanenten Selbstüberschätzung kaum ein Bewusstsein für sein Verhalten hat, sind ihm die eigenen Sätze nicht selten peinlich. »Ah, verstehe, da waren Sie also der Tollste im Raum.« Oder auch: »War das wirklich so einmalig, was Sie da geleistet haben?« Allerdings müssen wir vorsichtig sein, dass unser Kommentar nicht als Kritik aufgefasst wird – was den Narzissten nur wieder kränken würde.

Wir sollten niemals vergessen, dass der Narzisst anderen nicht wehtun möchte. Er sieht nicht, dass er seine Mitmenschen verletzt, indem er sie erniedrigt und kleinredet – es geht ihm ja nur um sich und seine eigene Größe. Wenn wir ihn auf das von ihm verursachte Leid vorsichtig aufmerksam machen, wird er das akzeptieren. Denn eines möchte der Narzisst schließlich nicht: sich so verhalten, dass ihn niemand mehr liebt.

Lesbarkeit: 📖📖📖📖

Informationsgehalt: 📖📖📖📖📖

18

Daniel Goleman

EQ. Emotionale Intelligenz

Für einige von uns sind Gefühle die schönste Sache der Welt. Ein klärender Wutanfall, Tränen der Reue, das Kribbeln im Bauch. Für andere sind derartige Entgleisungen der pure Kitsch und reine Energieverschwendung. Kaum jemand dürfte allerdings bezweifeln, dass Emotionen einen großen Einfluss auf unser Leben haben und oftmals unser Handeln bestimmen. Es kann also nicht schaden, wenn wir in ein Buch hineinlesen, das uns die Funktionsweise der Gefühle erklärt und ein paar umsetzbare Ratschläge gibt, wie wir sinnvoll mit ihnen umgehen können. Empfehlenswert wäre zum Beispiel der Klassiker: Daniel Golemans *EQ. Emotionale Intelligenz* aus dem Jahr 1995.

Emotionen sind überlebenswichtig für den Menschen. Wir machen Erfahrungen, die mit negativen Gefühlen verbunden sind, geben anschließend acht, dass sich diese Empfindungen in Zukunft nicht wiederholen. Wer als Kind eine glühende Herdplatte angefasst hat, wird den Schmerz nicht vergessen können und den Fehler kein zweites Mal machen. Zudem helfen uns die eigenen Gefühlserfahrungen dabei, das Verhalten anderer vorherzusehen. Eine geballte Faust und lautes Gebrüll verraten uns, dass die Lage brenzlig ist. Sinnvollerweise werden wir schleunigst das Weite suchen.

Wenig hilfreich sind unsere Gefühlswallungen, wenn wir konzentriert nachdenken wollen. Angst und Ekel zum Beispiel lösen wahre Bilderfluten in unserem Hirn aus, die eine rationale Auseinandersetzung mit der jeweiligen Situation erschweren. Oder wie ist sonst zu erklären, dass wir die Flucht vor einer Spinne ergreifen, die kaum größer ist als ein Fünf-Cent-Stück? Eine ähnlich vergrößerte Wirkung können Gefühlsäußerungen anderer Menschen auf uns haben. Wenn wir ein wütendes Gesicht sehen, das uns an ein traumatisches Erlebnis aus der Vergangenheit erinnert, ist es durchaus möglich, dass uns von einer Sekunde zur anderen die Sicherungen durchbrennen.

Da unsere Gefühle uns im Alltag also einschränken können, brauchen wir ein inneres Mittel, um mit ihnen umgehen zu können. Nämlich: die emotionale Intelligenz. Oder anders gesagt: das Zusammenspiel zwischen den denkenden und den fühlenden Teilen unseres Gehirns. Um die Balance herzustellen, sollten wir zunächst etwas Distanz zu unseren Gefühlen aufbauen – zum Beispiel indem wir uns den Ursprung einer Emotion bewusst machen. Was genau hat unsere Wut in einer konkreten Situation ausgelöst? Warum sind wir so schlecht zu sprechen auf unsere beste Freundin, nachdem sie sich mit ihren Beziehungsproblemen jemand anderem anvertraut hat? Die Antwort könnte lauten: Weil wir uns übergangen fühlen. Wir wären gern Ansprechpartner:in Nummer 1 gewesen. Haben wir den Ursprung unserer Wut einmal analysiert, werden wir dem Gefühl mit dem nächsten Gedanken auch die Kraft nehmen können: Vielleicht hat die Freundin uns schlicht nicht erreichen können, weil wir gerade so viel um die Ohren haben?

Überhaupt ist die emotionale Intelligenz für unser Sozialleben förderlich. Wenn wir die Emotionen unserer Mitmenschen verstehen, werden wir auch ihr Verhalten vorhersehen können. Wie wird unsere große Liebe reagieren, wenn wir am Tag ihrer Theaterpremiere eine andere Verabredung zusagen? Macht es Sinn, wenn wir unsere Angestellten aus vollen Hals anschreien – oder sollten wir ihnen ihr Fehlverhalten vielleicht in ruhigem Ton erklären? Mit ein wenig Empathie werden wir schnell eine gute Konfliktlösung finden.

Ein weiterer Vorteil der emotionalen Intelligenz sind die positiven Auswirkungen auf unsere Gesundheit. Sind wir unseren Gefühlen ohne jede Distanz ausgesetzt, werden wir auch auf alltägliche Situationen gestresst reagieren. Und Stress schwächt bekanntermaßen unser Immunsystem, führt zu erhöhtem Blutdruck und vergrößert das Risiko eines Herzinfarktes. Es ist also auch aus medizinischer Sicht ratsam, dass wir mit unserer Emotionalität umzugehen lernen. Ein Tipp für den nächsten Beziehungsstreit: Wenn wir merken, dass unser Puls zu rasen beginnt, sollten wir die Frequenz checken. Liegt der Pulsschlag um mehr als zehn Schläge pro Minute höher als normal, können wir davon ausgehen, dass wir unsere rationale Denkfähigkeit bereits verloren haben. Es ist dann ratsam, dass wir uns aus dem Streit zurückziehen und abwarten, bis wir wieder klar argumentieren können. Unser:e Partner:in wird vermutlich dankbar sein für unser souveränes Verhalten, wenn wir erklären, was gerade geschehen ist.

Lesbarkeit: 📖📖📖📖
Informationsgehalt: 📖📖📖📖📖

Spiritualität und Übersinnliches

19

Eckhart Tolle

Jetzt! Die Kraft der Gegenwart

Die amerikanische Star-Moderatorin Oprah Winfrey hielt das Buch in die laufende Kamera und machte es damit nahezu im Alleingang zum Weltbestseller. In sage und schreibe 33 Sprachen wurde Eckhart Tolles *Jetzt!* inzwischen übersetzt. Tatsächlich formuliert der deutschstämmige Autor in seinem Text eine sehr einfache Nachricht, mit der er seinen unzähligen Leser:innen zu einem entspannteren Leben verhalf: Die meisten unserer Sorgen und Ängste haben mit unserem fehlenden Gefühl für die Gegenwart zu tun. Nur wenn wir im Jetzt leben, können wir inneren Frieden finden.

Der Autor litt selbst lange an seiner Unzufriedenheit und glitt schließlich in eine ernstzunehmende Depression. Er begann mit dem Studium verschiedener spiritueller Lehren – der christlichen Mystik, des Sufismus und des Zen-Buddhismus – und erreichte damit etwas, was er seine *innere Transformation* nannte. Es fand heraus, was alle diese Lehren gemeinsam besagten: Wollen wir es im Leben zu Glück und Zufriedenheit bringen, müssen wir uns auf den Augenblick einlassen und das Gewesene und Kommende vergessen. Wie unglücklich macht es uns, ständig unseren verpassten Chancen nachzuhängen! *Ach, hätte ich damals die Weltreise unternommen! Jetzt bin ich alt und kann ein solches Abenteuer nicht mehr unternehmen.* – Es sind Gedanken wie diese, mit denen wir uns selbst um den inneren Frieden bringen. Wir kleben an der Vergangenheit und sorgen uns um die Zukunft. Dabei findet das Leben doch in der Gegenwart statt – es ist nichts als eine lange Reihe von Jetzt-Momenten.

Wenn wir etwas fühlen, so fühlen wir es jetzt. Unsere Sinne sind gar nicht geschaffen, um uns Informationen aus der Vergangenheit oder Zukunft zu übermitteln. Wenn wir zurückdenken, dann an Momente, die damals *jetzt* waren. Wenn wir die Zukunft fürchten, dann meinen wir Augenblicke, die *jetzt* sein werden. Anders gesagt: Wenn wir uns auf die Gegenwart konzentrieren, werden wir feststellen, dass es keine epochalen Probleme gibt, sondern nur Einzelsituationen, die wir eine nach der anderen bewältigen können. Es mag uns schwierig erscheinen, einen großen Roman zu schreiben. Der erste Satz und das erste Kapitel sind machbar.

Was jedoch ist mit den Schmerzen? Wenn wir in der Liebe verlassen werden, spüren wir doch den Kummer noch lange nach der Trennung? Tatsächlich spüren wir vor allem unseren inneren Widerstand gegen die neue Situation. Wir klammern uns an die Vergangenheit und entwickeln nur deshalb Emotionen wie Trauer und Wut. Die negativen Gefühle verschieben wir in unseren sogenannten *Schmerzkörper*, in die Sammelstelle all unserer leidvollen Erfahrungen. Schließlich ist dieser *Schmerzkörper* so gut entwickelt, dass wir ihn für einen wichtigen Teil unseres Selbst halten. Wir identifizieren uns mit unserem

Leid – und können es allein deshalb nicht überwinden. Die Wut der Vergangenheit wird aktiviert, sobald wir in der Gegenwart in eine schwierige Situation geraten, auf die wir deshalb nicht rational reagieren können.

Die Lösung ist, dass wir unseren Schmerz annehmen. Das Leid über den Tod einer nahestehenden Person etwa können wir nicht kontrollieren. Es verletzt uns im Hier und Jetzt. Aber wir können den Schmerz akzeptieren. Wenn wir uns nicht ständig wünschen, dass alles anders wäre, wird sich das Negative der Situation nicht weiter vergrößern.

Ein weiteres zerstörerisches Element ist unser Ego. Wenn wir uns mit jemandem über eine Kleinigkeit streiten, über die offene Zahnpastatube oder den Abwasch, dann prallen sehr wahrscheinlich gerade unsere Egos zusammen. Das Ego gehört zum menschlichen Verstand und hat die unangenehme Eigenschaft, dass es die Kontrolle übernehmen möchte. Es versucht uns im Streit in eine bestimmte Richtung zu lenken, die wir eigentlich nicht hätten einschlagen müssen. Anschließend fragen wir uns: *Was hat mich da geritten?* Um glücklich zu werden und unnötige Konflikte zu vermeiden, müssen wir deshalb lernen, uns von unserem Ego zu lösen. Genau dazu gibt es verschiedene Übungen:

- Unser Körper weiß, was gut für uns ist. Wenn wir in schwierigen Situationen unser Denken ausschalten und uns auf unser Bauchgefühl verlassen, finden wir oftmals instinktiv die richtige Lösung.
- Stellen wir uns die Frage: *Was wird mein nächster Gedanke sein?* Je länger wir uns auf diese Frage konzentrieren, desto länger dauert es, bis tatsächlich der nächste Gedanke auftaucht. So ler-

nen wir das ununterbrochene Grübeln zu unterbrechen, der uns gelegentlich von den wichtigen Dingen des Lebens abhält.

- Wir praktizieren das *aktive Warten*. Zum Beispiel vor einer wichtigen Prüfung sollten wir uns nicht vollkommen verrückt machen. Stattdessen richten wir unsere Aufmerksamkeit auf das Hier und Jetzt, als wollten wir jede Sekunde aufsaugen. So gelingt es uns, das negative und stressfördernde Denken abzustellen.

Alle diese Übungen helfen uns, einen klaren Blick für die Gegenwart zu entwickeln. Wir lassen uns nicht mehr ablenken und erkennen, was unsere wirklichen Probleme sind und was wir in unserem Leben tatsächlich verändern können. Eckhart Tolle ist ein tiefsinniges und wirklich eindrucksvolles Buch gelungen, das wir unseren Leser:innen wirklich uneingeschränkt ans Herz legen können.

Lesbarkeit: 📖📖📖📖📖
Informationsgehalt: 📖📖📖📖📖

20

Dale Carnegie

Sorge dich nicht, lebe! Die Kunst, zu einem von Ängsten und Aufregungen befreiten Leben zu finden

In den 1910er-Jahren verdiente Dale Carnegie seinen spärlichen Lebensunterhalt als Lastwagenverkäufer. Er lebte in einem winzigen Zimmer, in dem es vor Kakerlaken nur so wimmelte, und erst am Morgen, wenn er nach seinem Schlips griff, verschwanden die Krabbelviecher unter dem Bett. 15 Jahre später würde er mit *Wie man Freunde gewinnt* einen Weltbestseller veröffentlicht haben – aber damals? Carnegie selbst bezeichnete sich als »einen der unglücklichsten Menschen in New York«. Er kündigte seinen Job, begann, Abendkurse in freier Rede zu geben; seine Laune besserte sich, die Arbeit machte ihm Freude. Seine Schülerinnen und Schüler hingegen erlebte er als orientierungslos und gelähmt – so wie er selbst es zuvor gewesen war. Sie redeten ununterbrochen von ihren Problemen und Ängsten, ohne an ihrer Lebenssituation aktiv etwas zu ändern. Zu dieser Zeit entwickelte Carnegie den Leitsatz, der ihn für den Rest seines Lebens begleiten sollte: *Zu viele Sorgen helfen niemandem weiter.*

Carnegie las die Lebensberichte unzähliger berühmter Männer und Frauen, sammelte ihre Geschichten und Anekdoten und stellte später daraus einen kurzweiligen Ratgeber zusammen: *Sorge dich nicht, lebe!* Was können wir tun, wenn die Probleme des Lebens unüberwindbar scheinen? Ganz einfach: Nichts! Nehmen wir das Beispiel des amerikanischen Soldaten Galen Litchfield, der im Zweiten Weltkrieg in japanische Kriegsgefangenschaft geriet und von einem der Vorgesetzten im Lager des Diebstahls beschuldigt wurde: Am nächsten Tag sollte er mit der Folter bestraft werden. Die Ankündigung wäre natürlich ein Grund zur Panik gewesen – Litchfield reagierte jedoch ruhig und analytisch. Zuerst fragte er sich, was in dieser Situation seine größte Sorge war. Die Antwort lag auf der Hand: Er hatte Angst, gefoltert zu werden. Und welche Lösung kam in Frage? Sollte er fliehen? Sich zu rechtfertigen versuchen? Oder so tun, als sei nichts geschehen? Litchfield entschied sich für die dritte Variante. Und siehe da: Die Wut des Vorgesetzten war über Nacht verflogen, und da Litchfield sich unauffällig verhielt, geriet die Folter in Vergessenheit. Die Strategie des Kriegsgefangenen ging also auf und lässt sich – selbst wenn der Zweite Weltkrieg vorüber ist und wir uns vermutlich in einer wesentlich weniger miserablen Situation befinden – auf unser eigenes Leben übertragen. Es lohnt sich immer, einen kühlen Kopf zu bewahren. Wir sollten möglichst analytisch nach einer Lösung suchen. Unsere Probleme sind nicht unüberwindbar, auch wenn es auf den ersten Blick so scheint.

Was aber, wenn wir beim besten Willen keine Lösung finden können? Wenn sich nicht entscheiden lässt, welches die richtige Herangehensweise ist? Auch hierfür gibt es eine praktische Empfehlung: Wir gehen einfach vom Schlimmsten aus und treffen entsprechend umfangreiche Vorbereitungen. Unser großes Vorbild für diesen Fall ist ein Mann namens Earl P. Haney, der unter einem schweren Magengeschwür litt und von seinen Ärzten die Nachricht bekam, er werde nur noch wenige Monate leben. Statt zu verzweifeln, hielt Haney sich an einen Drei-Stufen-Plan:

- *1. Schritt: Erkenntnis*
  Was ist das Schlimmste, was uns passieren kann?
  In Haneys Fall war die Antwort der Tod.

- *2. Schritt: Akzeptanz*
  Wir versuchen das Worst-Case-Szenario anzunehmen.
  Haney kaufte sich einen schönen Sarg und reservierte sich einen Platz in der Familiengruft im heimischen Nebraska.

- *3. Schritt: Verbesserung*
  Wir machen das Beste aus unserer Situation.
  Haney reiste um die Welt – den Sarg im Gepäck. Er wollte jede Sekunde seines verbliebenen Lebens genießen, lernte interessante Kulturen kennen, aß exotische Speisen und hatte mehr Spaß als je zuvor im Leben. Das Verrückte: Als er in die Staaten zurückkam, war das Magengeschwür verheilt. Er brachte den Sarg zurück zum Bestatter und verbrachte noch viele entspannte und glückliche Jahre.

Das Geheimnis eines glücklichen Lebens besteht also darin, dass wir positiv bleiben. Unsere Sorgen werden uns auf Dauer nicht helfen. Wer positiv denkt, wird positive Emotionen in sich auslösen und sich glücklicher fühlen. Ein weiteres von Dale Carnegies unzähligen Beispielen wäre die Geschichte der New Yorkerin Thelma Thompson, deren Mann während des Krieges in der Mojave-Wüste stationiert wurde. Thelma hasste die Hitze, hasste die winzige Hütte, in der sie hausten, hasste die mexikanischen Nachbarn, mit denen sie sich nicht unterhalten konnte. Ihrem Vater schrieb sie, sie fühle sich, als habe man sie ins Gefängnis eingesperrt. Ihr Vater schrieb zurück: »Zwei Gefangene schauen durchs Gitterfenster aus ihrer Zelle – der eine sieht nur Schlamm, der andere die Sterne!« Und Thelma begriff: Es lag an ihr, was sie aus der Situation machte. Sie freundete sich mit den Einheimischen an, lernte die traditionelle Töpferei. Sie besah sich die spektakulären Sonnenuntergänge in der Wüste und begeisterte sich für die Kakteen und Joshua-Bäume. Entdecken wir also die Thelma in uns: Glücklich ist, wer sich nicht auf die Verzweiflung, sondern auf die positiven Aspekte des Lebens konzentriert!

Lesbarkeit: 📖📖📖📖
Informationsgehalt: 📖📖📖

21

Rhonda Byrne

The Secret. Das Geheimnis

Es war einmal in Australien: Die Fernsehproduzentin Rhonda Byrne fiel nach dem Tod ihres Vaters in eine tiefe Depression. Eine geradezu bleierne Traurigkeit lag über ihr, hinzu kam die ständige Erschöpfung im Job. Auf Empfehlung ihrer Tochter Haily las sie zwei uralte Bücher, in denen es um das Konzept des positiven Denkens und ein geheimnisvolles *Gesetz der Anziehung* ging. Rhondas Neugierde war geweckt! Sollte es möglich sein, allein durch die Kraft der Gedanken zu Erfolg und Reichtum zu kommen? Sie setzte sich ins Flugzeug und reiste in die USA, um dort einen Dokumentarfilm über das geheimnisvolle Gesetz zu drehen. Sie sprach mit verschiedenen Buchautoren und Unternehmern, drang tiefer in die Materie ein, entdeckte schließlich eine atemberaubende Regelmäßigkeit: Sämtliche Größen der Menschheitsgeschichte – William Shakespeare! Albert Einstein! Winston Churchill! – erwähnten das Gesetz der Anziehung und verdankten ihm die großen Errungenschaften ihres Lebens. Es gab sie also, die geheime Kraft des Universums, und auch Rhonda würde sie zukünftig für sich nutzen. Wenige Jahre später zählte sie bereits zu den erfolgreichsten und reichsten Sachbuchautorinnen unseres schönen Planeten.

Auf den ersten Blick ist dieser Text ein ziemlicher Humbug. Faszinierend allerdings ist, dass *tatsächlich* weltweit mehr als 19 Millionen Menschen ein Exemplar von Rhonda Byrnes *The Secret. Das Geheimnis* erstanden, und das allein im ersten Jahr nach der Veröffentlichung. Die Autorin verdiente 300 Millionen Dollar mit ihrer Arbeit, man könnte also sagen, dass sich zumindest für sie selbst der Glaube an die geheimen Kräfte des Universums durchaus ausgezahlt hat. Ob sich das auf uns Otto Normalleser:innen daheim übertragen lässt?

Wenn wir einen Traum im Leben verfolgen, sollen wir das Universum nun also um Hilfe bitten. Allerdings müssen wir dabei das Gesetz der Anziehung beachten, demzufolge wir jeweils das zurückerhalten, was wir *zuvor* ausgesandt haben. Sind wir voller Wut und negativer Gedanken über die Komplikationen unseres Lebens gewesen, wurden uns genau deshalb unüberwindliche Hindernisse in den Weg gelegt. Senden wir hingegen Liebe und Dankbarkeit ans Universum, werden wir positive Einflüsse zurückerhalten und zum Erfolg finden. Das Gesetz der Anziehung besagt, dass Gleiches Gleiches zur Folge hat: Negative Gedanken und Gefühle ziehen negative Ereignisse an. Eine positive Einstellung bringt Freude und Glück.

Wenn wir mit dem Universum kommunizieren, ist es wichtig, dass wir die richtige Sprache sprechen. Denn, leider, leider, das Universum ist taub auf dem Ohr für negative Formulierungen. Wenn wir denken: »Ich möchte nicht durch die Prüfung fallen«, wird es uns nicht helfen können, da es die negativen Teile des Satzes schlicht nicht empfängt.

Es ist, als würden wir sagen: »Ich *möchte* durch die Prüfung fallen.« Und das wollen wir ja eben nicht! Denken wir hingegen: »Ich möchte die Prüfung bestehen«, dann kann uns das Universum hören und unterstützen. Als Erklärung für den verblüffenden Vorgang dient ein physikalisch anmutendes Gesetz: Jedes Ding sendet Energie in einer bestimmten Frequenz aus. Stimmen die Frequenzen zweier Dinge überein, ziehen sie einander an.

Unsere Gedanken und Gefühle sind also wie ein Sender, der ununterbrochen unsere Wünsche an das Universum übermittelt. Damit wir ein möglichst starkes Signal aussenden, sollten wir uns an folgenden Drei-Stufen-Plan halten:

1. *Wünschen*
   Damit das Universum uns versteht, schreiben wir unseren Wunsch auf. Dabei nutzen wir eine positive Formulierung, als wäre unser Wunsch bereits erfüllt worden: »Ich bin dankbar, dass ich ohne Schulden leben kann.« – »Ich bin dankbar, dass ich gesund bin.« – »Ich bin dankbar, dass ich geliebt werde.«

2. *Glauben*
   Wir müssen Vertrauen in die Erfüllung unseres Wunsches haben. Nur wenn wir mit tiefster Seelenkraft daran glauben, dass etwas Positives geschieht, übertragen wir ausreichend starke Energie an das Universum.

3. *Bekommen*
   Um die Antwort empfangen zu können, müssen wir uns bereithalten. Wir müssen die richtige Frequenz einstellen! Dafür

> versetzen wir uns in das Gefühl, das wir bei Erfüllung unseres Wunsches empfinden werden. Zur Hilfe können wir in Gedanken – oder laut! – ein Mantra vor uns hinsprechen: »Mein Wunsch wird erfüllt. Meine Schulden werden mir in diesem Moment vom Universum erlassen.«

Einige Tipps in Rhonda Byrnes Buch sind definitiv ein bisschen durchgeknallt – etwa die Empfehlung, die tatsächlichen Schulden auf dem Kontoauszug mit Tipp-Ex zu übermalen und eine schöne Summe darüberzuschreiben, damit wir unseren baldigen Reichtum schon einmal vorempfinden können. Bei einigen Leuten, die ohnehin Probleme mit der Realität haben, könnte das zu unscharfen Prognosen hinsichtlich der persönlichen Liquidität führen. Mit etwas Wohlwollen könnte man aber auch sagen, dass die Kernbotschaft des Buches niemals verkehrt ist: Wer positiv denkt und zufrieden in die Welt hinausgeht, hat mehr Freude am Leben und bekommt mit einiger Wahrscheinlichkeit etwas Gutes zurück.

Lesbarkeit: 📖📖

Informationsgehalt: 📖📖

22

Joseph Murphy

Die Macht Ihres Unterbewusstseins. Das Original

Die 1960er-Jahre waren definitiv eine andere Zeit. Flower-Power, Hippie-Musik und Tapeten, bei denen man schon vom Hingucken ein besserer Mensch wurde. Ebenfalls in Mode war es damals, Kontakt zu seinem Unterbewusstsein aufzunehmen. Man war ganz allgemein ein bisschen esoterischer eingestellt – was vielleicht den enormen Erfolg der Bücher von Joseph Murphy erklären könnte. Murphy gilt als einer der wichtigsten Autoren der Neugeist-Bewegung, die sich mit der schöpferischen Kraft unseres Denkens und der Möglichkeit von alltäglichen Wundern und Geistheilungen beschäftigt. Insbesondere sein 1963 publizierter Weltbestseller *Die Macht Ihres Unterbewusstseins* verspricht, dass wir allein über unser Denken und unsere innere Kraft auch die stoffliche Welt um uns herum verändern können. Ein ziemlicher Mumpitz – sollte man meinen. Allerdings: Der Titel ist auch heute noch eines der meistverkauften Bücher überhaupt und erhält fast ausschließlich begeisterte Bewertungen. Was ist dran an der seltsamen Zauberkraft?

Nehmen wir den schottischen Chirurgen Dr. James Esdaille, der zwischen 1843 und 1846 an die 400 Operationen durchführte, darunter schwere Eingriffe und Amputationen. Da zu Esdailles Lebzeiten die Anästhesie noch kaum entwickelt war, versetzte der Arzt seine Patient:innen per Hypnose in einen Zustand der Schmerzunempfindlichkeit. Und nicht nur das: Er suggerierte ihnen zudem, dass sie nach der Operation immun gegen Infektionen sein würden. Auch zu seiner eigenen Überraschung war Esdaille erfolgreich. Die Sterberate seiner Patient:innen lag sensationell niedrig: zwischen lediglich zwei und drei Prozent. Wie lässt sich die Wirkung dieser Hypnose erklären? Murphy führt derartige *Wunder* in seinem Buch auf die Funktionsweise des menschlichen Unterbewusstseins zurück, das nicht allein mit dem Innenleben der jeweiligen Person in Verbindung stehe. Viel mehr dockt es zudem an sämtliche Energiefelder an, die uns umgeben. An die Kraft des Universums und aller Lebewesen und Dinge.

Der Clou besteht nun darin, dass wir über unsere Gedanken unser Unterbewusstsein beeinflussen können. Und weil unser Unterbewusstsein eben mit unserem Lebensumfeld in Verbindung steht, ist dieses letztendlich ein Produkt unseres Denkens und unserer Überzeugungen. Der Autor erzählt zum Beispiel von seiner Radioshow, in der er den Hörer:innen das Prinzip des Gedankenfilms erklärte. Eine Anruferin wollte ihr Haus verkaufen, weshalb Murphy in einem ersten Schritt ihr Selbstvertrauen stärkte. Jeden Tag vor dem Einschlafen sollte sie sich selbst darin bestätigen, dass sie den genau richtigen Preis für ihre Immobilie abgerufen hatte. Aber nicht nur das: Sie sollte sich allabendlich das Glück jenes Moments vor Augen rufen, wenn sie den Kauf tatsächlich abgeschlossen hätte. Während sie mit diesem inneren Bild in die Schlafphase übertrat, würde ihr Unterbewusstsein sie mit dem:der passenden Käufer:in verbinden. Die Methode funktionierte offenbar derart zuverlässig, dass Murphy zahllose Dankschreiben seiner lebensbeglückten Zuhörer:innen erhielt.

Fantastischerweise lässt sich diese Visualisierung – so verspricht uns der Autor – in sämtlichen Lebenslagen anwenden. Schon wieder pleite? Dann hilft es, wenn wir uns am Abend vor dem Einschlafen vorstellen, wie unser Leben im Reichtum aussehen würde. Unsere Überzeugung wird dazu führen, dass wir anders durchs Leben gehen – selbstbewusster, zuversichtlicher. Wir strahlen eine andere Energie aus. Unsere zukünftigen Geschäftspartner:innen werden genau deshalb auf uns aufmerksam werden und von uns überzeugt sein. Und auch die große Liebe können wir mithilfe des Unterbewusstseins finden. Murphy erzählt die Geschichte einer Lehrerin, die sich bereits von drei Ehemännern hatte scheiden lassen. Alle waren eher passive und ängstliche Charaktere gewesen, obwohl die Lehrerin offensichtlich auf der Suche nach dem Gegenmodell war. Vor dem Einschlafen dachte sie nun an einen starken und erfolgreichen Partner – den sie bei einem Job als Reporterin in einer Arztpraxis in dem dort praktizierenden Mediziner dann sofort erkennen konnte. Die beiden heirateten und verbrachten ein glückliches Leben zusammen.

Bleibt die Frage, womit wir es in diesem Buch zu tun haben: hanebüchenem Unsinn – oder ernst zu nehmender Wissenschaft? Das muss vermutlich jede:r für sich selbst entscheiden, wobei vorsichtshalber der herbeivisualisierte Reichtum nicht als gegebene Kapitalgrundlage eingeplant und vorab ausgegeben werden sollte. Andererseits hat ein bisschen Zuversicht noch niemandem geschadet und wird wahrscheinlich auch von unserem Lebensumfeld mit Freuden angenommen.

Lesbarkeit: 📖📖📖

Informationsgehalt: 📖📖

23

Jan Becker

Entspannt schaffst du alles! Mit neuen Meditations- und Hypnosetechniken zu mehr Gelassenheit und Erfolg

Ein verwegener Mensch lächelt vom Buchcover, die einzige Haarsträhne als Teufelshorn in die Stirn gekämmt, die Unterarme wild tätowiert. Würden wir uns zur Entspannung bei diesem Mann auf die Couch legen? Keine ganz abwegige Frage, denn bei Jan Becker handelt es sich immerhin um Deutschlands wohl berühmtesten Hypnotiseur. Nehmen wir also Platz und schauen wir, was der Mann uns zu sagen hat.

Wie geht es uns heute? Wieder einmal gestresst? Damit sind wir ganz sicher kein Einzelfall, Stress ist seit Langem die Volkskrankheit Nummer 1. Wir hetzen von einem Termin zum nächsten, das Geld will verdient werden, selbst am Wochenende gibt es kaum Ruhe – der Einkauf, die Kinder, das Sozialleben. Wir Menschen sind kaum vorbereitet für die enge Taktung der modernen Welt, da sie selten unserem inneren Rhythmus entspricht. Während unsere Vorfahren in der Steinzeit die

Beine in die Hand nahmen und sich körperlich betätigten, sobald bei Sichtung eines Säbelzahntigers das Herz zu klopfen begann, können wir heute den Stress schwer abbauen. Wir erlauben uns nur selten die Flucht. Und so wird der Stress chronisch, schwächt unser Immunsystem, macht uns krank.

Aber das Lachen! Wenn wir lachen, dann fühlen wir uns besser. Doch hat denn – lieber Jan Becker – das Lachen etwas mit Hypnose zu tun? Tatsächlich ja. Genauer gesagt: Unser Lachen ist eine Form der Selbsthypnose, die uns beim Stressabbau helfen kann. Unser Hirn erkennt, dass unser Gesicht eine entspannte Miene auflegt – und schüttet in der Folge das Glückshormon Serotonin aus. Hypnose ihrerseits ist nichts anderes als ein Trancezustand, in dem wir uns ganz auf eine einzige Sache konzentrieren. Deshalb wird es uns während eines Lachanfalls kaum gelingen, nebenher eine Einkaufsliste zu schreiben – wir haben nichts anderes im Kopf als das, was gerade so lustig ist. Gleichzeitig sind wir in einem solchen Trancezustand offen für Botschaften an unser Unterbewusstsein. Wir können uns selbst eine Nachricht vorsprechen, etwa: »Ich möchte von nun an weniger Süßes essen« oder: »Ich werde besser schlafen können.« Manchmal reicht es auch, wenn wir einen Zwang umformulieren. Aus »Ich muss arbeiten« kann zum Beispiel »Ich will arbeiten« werden – wodurch sich unsere Motivation und Produktivität entscheidend erhöhen werden.

Wir wollen nun also aktiv werden, die Hypnose ausprobieren. Wir haben Vertrauen in den Hypnotiseur – uns selbst! Und wir haben keine Angst, dass uns bei der Hypnose etwas geschehen könnte. Mit anderen Worten: Wir sind für die Selbsthypnose empfänglich eingestellt. Welche konkreten Techniken können wir dann anwenden?

Das Lachwunder. Wir sitzen aufrecht, aber entspannt. Die Arme hängen locker neben dem Körper. Wir klopfen uns seitlich auf den Oberschenkel, machen laut »Hehehehe«. Dann klopfen wir auf unseren Bauch und machen den Weihnachtsmann: »Hohohoho.« Der Brustkorb: »Hehehehe.« Und zum Schluss der Kopf: »Hihihihi.« Die alberne Prozedur wiederholen wir dreimal, bis unser künstliches Lachen aller Wahrscheinlichkeit nach in ein echtes übergeht und wir allmählich in eine Trance geraten und unsere Wunschsätze sagen können. Voilà.

Die Elman-Induktion. Wir schließen die Augen. Wir entspannen die Augenmuskeln und alle umliegenden Muskeln. Wir stellen uns vor, dass wir so entspannt sind, dass wir die Augen nicht mehr öffnen könnten, selbst wenn wir es wollten. Wir bleiben in diesem Zustand. Wir versuchen die Augenlider zu öffnen – und ups! Das geht tatsächlich nicht so leicht. Die Selbsthypnose ist deshalb so erfolgreich, weil unser Hirn nicht gleichzeitig die Befehle »Augenmuskeln entspannen« und »Augen öffnen« ausführen kann.

Meditation. Wir sagen die Silbe »Om« im Atemrhythmus vor uns hin. Wenn ein Gedanke kommt, nehmen wir ihn an und lassen ihn gleich wieder los, indem wir uns nur auf die Silbe »Om« konzentrieren. So lernen wir neutral zu beobachten, was in uns vorgeht. Wir lernen, dass wir unseren negativen Gedanken nicht ausgeliefert sind. Auch von negativen Emotionen wie Angst oder Wut können wir uns auf diesem Weg distanzieren.

Wir stellen fest: Hypnose ist nicht immer eine Hokuspokus-Show mit Pendel und Zauberhut. Wenn wir uns täglich auf die Übungen des Autors einlassen, werden wir tatsächlich ein wenig ruhiger und entspannter werden. Und wer ruhiger und entspannter ist, schafft mehr im Leben, vielleicht sogar alles.

Lesbarkeit: 📖📖📖📖
Anwendbarkeit: 📖📖📖📖

24

Napoleon Hill

Denke nach und werde reich. Die Erfolgsgesetze

Vom amerikanischen Großindustriellen Andrew Carnegie erhielt der junge Napoleon Hill den Auftrag, die Formel des Erfolgs zu finden. Der Autor befragte die 500 erfolgreichsten Menschen seiner Zeit und veröffentlichte 1937 dann seinen Bestseller *Denke nach und werde reich*. Hill war der Meinung, dass Reichtum und Erfolg von exakt 13 Gesetzen abhängig seien. Heute ist wissenschaftliche längst belegt, dass Wohlstand sich so einfach nicht herbeizaubern lässt und von verschiedenen sozialen, historischen und persönlichen Faktoren abhängt. Napoleon Hills Buch hat sich allerdings 60 Millionen Mal verkauft. Sind nun die Leser:innen dem großen Mumpitz aufgesessen oder ist doch etwas dran an den 13 Gesetzen?

1. Gesetz: *Brennendes Verlangen*
Wir alle suchen nach der perfekten Geschäftsidee. Um uns von der Konkurrenz abzusetzen, brauchen wir vor allem eines: das unstillbare Verlangen, unsere Idee umzusetzen. Damit das klappt, gehen wir sechs Schritte:

1. Festlegung unseres *finanziellen Ziels.* Wir schreiben die Summe auf, die wir auf unserem Konto sehen wollen.
2. Analyse unserer *Gegenleistung.* Was sind wir bereit, für den Erfolg zu geben?
3. Definition des *Zeitpunkts.* Wann wollen wir den Reichtum erreicht haben?
4. Erarbeitung des *Plans.* Wir erstellen eine Timeline für die Umsetzung unseres Vorhabens.
5. Schriftliche *Fixierung.* Wir schreiben auf, was wir bisher entschieden haben.
6. *Disziplin:* Wir lesen uns die Liste täglich laut vor und richten unser Leben nach ihr aus.

2. Gesetz: *Unerschütterlicher Glaube*
Erfolgreiche Menschen zweifeln niemals an ihrem Erfolg. Denken wir an Mahatma Gandhi: Ohne politische Macht oder finanzielle Reserven gelang es ihm, sein Land aus der Kolonialherrschaft zu befreien – mit nichts als dem Glauben an die Freiheit.

3. Gesetz: *Autosuggestion*
Den Glauben an uns selbst können wir mit Hilfe von Autosuggestion erlangen. Wir stellen uns eine Summe auf unserem Konto vor. Wir malen uns aus, was wir mit dem Geld tun werden. »In zwölf Monaten werde ich mit dem Schreiben eines Ratgebers 50 000 Euro verdient haben.« Wir sprechen uns diesen Satz täglich laut vor und bewahren uns das gute Gefühl, das wir bereits empfinden. Die entstehende Energie wird uns ans Ziel führen.

4. Gesetz: *Das richtige Wissen*
Wissen ist geistiges Kapital. Wir schöpfen es aus folgenden Quellen:

- unserer bisherigen Ausbildung und unserer Erfahrung,
- der Zusammenarbeit mit Fachleuten,
- Universitäten und Fachhochschulen,
- Bibliotheken,
- dem Internet,
- Fortbildungen.

5. Gesetz: *Schöpferische und synthetische Fantasie*
Unsere schöpferische Fantasie liefert uns neue Konzepte. Künstler schaffen mit dieser Fantasie aus dem nichts ihre Werke. Synthetische Fantasie hingegen ordnet bereits Vorhandenes zu neuen Ergebnissen. Beides zusammen bringt uns ans Ziel.

6. Gesetz: *Genaue Planung*
Um herauszubekommen, was wir zur Umsetzung unseres Plans tun müssen, brauchen wir ein Team. Sammeln wir deshalb intelligente und fantasievolle Menschen um uns, mit denen wir uns mehrmals wöchentlich treffen und unser Vorgehen bis ins Detail ausarbeiten.

7. Gesetz: *Entschlussfreudigkeit*
Erfolgreiche Menschen lassen sich von ihrem Weg nicht abbringen. Sie fällen ihre Entscheidungen schnell und halten daran fest.

8. Gesetz: *Ausdauer*
Fehlende Ausdauer ist oft der Grund für das Scheitern eines Projekts. Damit unsere Motivation niemals verloren geht, sollten wir Schritt für

Schritt vorgehen. Große Probleme setzen sich in der Regel aus kleinen Teilproblemen zusammen, die wir eines nach dem anderen lösen können.

9. Gesetz: *Der Brain-Trust*

Wissen gibt es auf der Welt in drei Varianten. Die erste Variante können wir nachschlagen oder googeln: das bisherige Wissen der Menschheit. Die zweite Variante ist das Wissen der »allumfassenden Vernunft«, das wir über unsere Fantasie erreichen. Die dritte Variante ist das Wissen, das jeder von uns in sich trägt. Für dieses Wissen ist unser Team entscheidend. Wenn wir unsere Fähigkeiten und Kenntnisse zusammenlegen, wird mehr dabei herumkommen als die Summe der Einzelteile.

10. Gesetz: *Die Sexualkraft*

Der Sexualtrieb ist unser stärkster Motor. Viele Menschen werden erst ab dem 40. Lebensjahr wirklich produktiv – zuvor leben sie ihre Sexualkraft rein physisch aus. Wenn wir diese Energie in unser Projekt geben, wird unsere Schöpfungskraft enorm wachsen.

11. Gesetz: *Das Unterbewusstsein*

Das Unterbewusstsein beeinflusst unser Denken und Handeln. Damit es gute Energien an uns abgibt, sollten wir es mit positiven Emotionen füttern: Verlangen, Glaube, Liebe, Hoffnung, sexueller Erregung, Begeisterung.

12. Gesetz: *Das Hirn als Empfangsstation*

So wie wir die Schwerkraft fühlen, ohne sie sehen zu können, kann unser Hirn – sagt Napoleon Hill – die unsichtbare Energie und die Schwingung anderer Menschen wahrnehmen. Bleiben wir also empfangsbereit für die Gedanken und die Ideen anderer Menschen.

13. Gesetz: *Der sechste Sinn*

Im Auto kurz vor dem Unfall reißen wir manchmal das Lenkrad herum. Was uns dabei steuert, ist unser sechster Sinn. Napoleon Hill ist sicher: Es gibt eine übergeordnete Macht, die uns umgibt und durchströmt. Die bisherigen zwölf Gesetze dienen dazu, uns für diese Macht empfänglich zu machen und uns von ihr zum Erfolg führen zu lassen.

Lesbarkeit 📖📖📖📖
Informationsgehalt: 📖📖

Effizienz
und
Arbeit

25

James Altucher

Choose Yourself. Be Happy, Make Millions, Live the Dream

Möglicherweise ist James Altucher einfach zu amerikanisch. Ein bisschen zu *crazy.* Wie sonst lässt sich erklären, dass seine Bücher bisher nicht ins Deutsche übersetzt worden sind? Irgendwie seltsam ist es trotzdem, schließlich ist Altucher auch hierzulande regelmäßig auf den Listen der einflussreichsten Autor:innen zu finden – eine ganze Menge Leute macht sich offenbar die Mühe, seine Texte im Original zu lesen. Was also hat der Mann uns zu sagen?

Vor allem legt Altucher in seinem Buch *Choose Yourself* den Finger auf einen entscheidenden historischen Moment und die damit verbundenen gesellschaftlichen Veränderungen. Lange Zeit – genauer gesagt: seit dem Zweiten Weltkrieg – haben wir in beruflichen Dingen stets darauf gewartet, von anderen *ausgewählt* zu werden. Hatten wir ein Buch geschrieben, waren wir angewiesen auf einen Verlag, der es publizieren würde. Wollten wir nach der Ausbildung einen Job, haben wir eine Bewerbung verschickt und gehofft, dass man uns einlädt.

Dann kamen 2001 und 2018 die großen Finanzkrisen; Digitalisierung und Globalisierung nahmen ihren Lauf, und plötzlich funktionierte die Welt nach anderen Regeln. Wer es zu etwas bringen wollte, musste nicht länger schüchtern warten, bis er:sie von anderen angesprochen wurde, sondern konnte in Eigeninitiative wählen: sich selbst und den persönlichen Erfolg. »Choose yourself«, wie Altucher sagen würde, »wähle dich selbst«.

Zunächst einmal ist alles ganz einfach: Wir brauchen ein Smartphone oder ein Laptop und eine funktionierende Internetverbindung. Schon können wir tun, was immer wir wollen. Haben wir einen Film gedreht, stellen wir ihn auf Youtube. Wollen wir mit Aktien handeln, können wir das online und von zu Hause aus. Um den nötigen Schwung für unsere lebensentscheidende Veränderung mitzubringen, müssen wir lediglich unsere vier »Körper« pflegen: den *physischen*, den *mentalen*, den *emotionalen* und den *spirituellen*.

Mit dem *physischen* Körper ist es einfach. Wir müssen bloß gesund essen, regelmäßig schlafen und ein bisschen Sport treiben. Auch die Pflege des *mentalen* Körpers ist leicht erklärt: Wir sollten aufhören, uns zu viele Sorgen zu machen. Wer ständig fürchtet, die Kontrolle über das Leben zu verlieren, steuert zielstrebig den nächsten Burn-out an. Gewöhnen wir uns eine positive Lebenseinstellung an – indem wir unseren *Ideenmuskel* trainieren. Dafür lesen wir möglichst täglich in vier verschiedenen Texten, beispielsweise in den Biografien berühmter Menschen oder in wissenschaftlichen Wälzern. Davon inspiriert notieren wir uns zehn Ideen. Der Inhalt dieser Ideen ist egal – das kann ein Plan zur Lösung des Welthungerproblems oder auch nur zur Beilegung des letzten Ehestreits sein. Solange wir es täglich auf zehn Ideen bringen, werden wir jedenfalls zu beschäftigt sein, um uns über unser möglicherweise scheiterndes Leben den Kopf zu zerbrechen.

Um den *emotionalen* Körper zu pflegen, sollten wir alle Leute aus unserem Bekanntenkreis verbannen, die uns sowieso bloß Ärger machen. Derartige Freundschaften kosten Energie und schwächen unsere emotionale Gesundheit. Und wenn wir ehrlich sind, glauben wir doch schon lange nicht mehr, dass die Beziehung zu Soundso sich noch einmal zu alter Größe aufschwingen wird, oder?

Um den *spirituellen* Körper zu stärken, beschäftigen wir uns in Zukunft nur noch mit dem Hier und Jetzt. Kein Mensch, der ständig reuevoll in der Vergangenheit hängt oder sich ununterbrochen Gedanken über die Zukunft macht, wird je sein Potenzial entfalten. Konzentrieren wir uns auf unsere Umgebung, in der Stadt zum Beispiel auf die Gebäude, auf architektonische Besonderheiten und schöne Details. Das wird uns helfen, in der Gegenwart zu bleiben.

Nachdem wir uns nun auf Vordermann gebracht haben, bleibt die Frage nach dem Geld. Wir bringen wir es im *Choose-Yourself*-Zeitalter zu einem geregelten Einkommen? Ganz bestimmt sollten wir nicht in einem Job festkleben, den wir nicht mögen. Wir sollten für niemanden arbeiten, der uns nicht weiterbringt. Nicht die Produkte von anderen sollten wir länger verkaufen, sondern nur noch: uns selbst. Entsprechend unseres Tätigkeitsfeldes bieten wir unsere Dienste an, und zwar nicht dem Unternehmen, das uns am besten bezahlt, sondern ausschließlich denen, die gut für unseren Ruf sind. Es wird sich herumsprechen, dass wir etwas Besonderes sind. Unsere Person, unser Team, unser eigenes Unternehmen wird an Wert gewinnen. Bleiben wir zudem freundlich und ehrlich, stets fair und vertrauenswürdig unserem Umfeld gegenüber, so wird unser Leben sehr bald in eine positive Gesamtstimmung geraten. Wir werden zufriedener sein als damals – bevor wir uns selbst ausgewählt haben.

Lesbarkeit: 📖📖📖📖 (englische Version)
Informationsgehalt: 📖📖📖📖

26

Mario Locher

Was ich mit 20 Jahren gerne über Geld, Motivation, Erfolg gewusst hätte

Mario Locher hat sich für den harten Weg entschieden. Mit 16 Jahren kaufte er seine erste Aktie, machte erste Gewinne, verzockte mit 20 Jahren sein gesamtes Geld beim Poker und im Wettbüro, bevor er sich anschließend seinen Wohlstand langsam zurückeroberte und heute als Wirtschaftsredakteur sowie Finanzexperte beim Youtube-Kanal »Mission Money« mit 220 000 Abonnent:innen sein Geld verdient. Mario Locher ist der Mann, dem wir gern zuhören, um uns erklären zu lassen, welche Zutaten nötig sind auf dem Weg zum Erfolg.

Zuallererst brauchen wir: *Motivation.* Ohne Motivation könnten wir das Hirn eines Albert Einstein haben – uns würde trotzdem der Schwung fehlen, um zu erreichen, was wir uns vorgenommen haben. Was uns hilft, um unsere Motivation zu stärken, ist eine *Mission.* Nehmen wir Greta Thunberg: Mit einem selbst gebastelten Schild stand sie mutterseelenallein für mehrere Wochen freitags vor dem schwedischen Reichstag in Stockholm. Wie konnte sie das durchhalten? Nun, sie wollte unbedingt etwas gegen den Klimawandel unternehmen. Das war und ist Greta Thunbergs Mission. Grundsätzlich geben längerfristige und allgemeingültige Ziele eine gute Mission ab. *Ich will Millionär werden* – das ist zum Beispiel kein förderliches Lebensziel, weil das Geld über seine Kaufkraft hinaus kaum einen Wert hat. Wir können jedoch überlegen, zu welchem Zweck wir unser Geld einsetzen und welche positiven Entwicklungen wir für uns und andere damit anstoßen wollen.

Selbstvertrauen – das wäre die nächste Zutat. Wer sich nicht aus dem Haus wagt, wird es selten weit bringen. Viele Menschen, die mit einem niedrigen Selbstbewusstsein zu kämpfen haben, unterschätzen die Kraft ihrer negativen Gedanken. *Das wird mir nicht gelingen* oder *Immer geht alles schief* sind Sätze, die wir dringend aus unserem Repertoire streichen sollten, da sie unsere Stimmung verdunkeln und uns so viel Energie rauben, dass sich die negative Prognose schnell bewahrheiten könnte.

Stärken können wir unser Selbstvertrauen, indem wir etwas tun, was uns glücklich macht. Wenn wir schon immer davon geträumt haben, mit einem Fallschirm aus einem Flugzeug zu springen, dann ist genau jetzt der Moment, um das Ticket zu buchen. Nicht länger aufschieben! Der Glücksrausch wird so enorm sein, dass wir uns anschließend viel mehr im Leben zutrauen. Wer hätte gedacht, dass man vom Fallschirmspringen nicht immer bloß reden, sondern es tatsächlich auch tun kann!

Nächste Zutat: *eine Idee*. Neben der Mission und dem Selbstvertrauen ist die Idee gewissermaßen das Salz in der Lebenssuppe. Wir möchten erfolgreich sein – aber womit? Gut ist, was uns Spaß macht und zu unserer Persönlichkeit passt. Denn nur in den Dingen, die uns Spaß machen, können wir es zur Perfektion bringen. Wenn wir nicht gern vor dem Bildschirm sitzen und ein großes Misstrauen gegenüber Computern hegen, werden wir wohl nie ein:e gute:r Programmierer:in werden.

Was wir natürlich benötigen: *Zeit.* Irgendwann müssen wir voll motiviert und mit bestem Selbstvertrauen unsere geniale Idee schließlich auch umsetzen. Zeit ist eine knappe Ressource, da wir gefühlt pro Stunde 270 Nachrichten beantworten und selbst beim Essen im Urlaub noch unsere eigenen Foodporn-Bilder posten müssen. Allerdings sind wir selbst gelegentlich auch unsere schlimmsten Zeitdiebe. Wäre es einmal nicht auch ohne die Foodporn-Bilder gegangen? Oder, ein anderes Beispiel: Wenn wir den Bus verpassen, was nützt es uns, wenn wir eine halbe Stunde verärgert an der Haltestelle herumstehen? Schlauer ist es, unseren Schlechte-Laune-Anfall auf wenige Minuten zu beschränken, uns dann einen Kaffee vom Bäcker gegenüber zu holen und die restliche Wartezeit für die Arbeit an unserer brillanten Idee zu verwenden.

Zu guter Letzt fehlt noch eines: *Kapital.* Erfahrungsgemäß läuft es mit dem Geld wie mit einer Ketchup-Flasche: Erst kommt nichts, dann alles auf einmal. Um von diesem Effekt zu profitieren, müssen wir an die Börse. Um uns gegen Kursschwankungen abzusichern, setzen wir auf das Mittel der *Diversifizierung:* Wir kaufen unterschiedlichste Aktien aus den unterschiedlichsten Bereichen und minimieren damit unser Risiko.

Ein Tipp an die jüngeren Leser:innen: Mit dem Sparen kann gar nicht früh genug begonnen werden. Wir können prüfen, wie viel Geld wir monatlich zurücklegen können, und selbst wenn es nur ein Kleinbetrag ist, wird es irgendwann genug sein, damit wir unsere erste Investition an der Börse tätigen können. Informieren wir uns über die verschiedenen Anlagemöglichkeiten, lesen wir Bücher zu Wirtschaftsthemen. Und vor allem: Bleiben wir entspannt. Die Kurse werden irgendwann einbrechen, das macht jedoch nichts. Es geht immer wieder bergauf!

Lesbarkeit: 📖📖📖

Informationsgehalt: 📖📖📖📖

27

Simon Sinek

Finde dein Warum. Der praktische Wegweiser zu deiner wahren Bestimmung

Im Folgenden soll es um ein Buch gehen, bei dem es sich um den zweiten Teil eines zuvor veröffentlichten und sehr erfolgreichen Sachbuchtitels handelt. Anders gesagt: um ein praxisorientiertes Begleitbuch. Der britisch-amerikanische Autor Simon Sinek hatte 2009 mit seinem *Frag immer erst Warum* einen internationalen Hit in den Sachbuchcharts gelandet. Im Jahr 2018 tat er sich mit dem Wirtschaftscoach und Unternehmensberater David Mead sowie dem ehemaligen US-Luftwaffenoffizier Peter Docker zusammen und veröffentlichte den zweiten Band, *Finde dein Warum*, in dem er seinen Ansatz noch einmal zur Anwendung im privaten Bereich erläuterte.

Wohl die meisten Menschen kennen die grauen Tage. Der Wecker klingelt, und wir bekommen kaum den Kopf vom Kissen. Wir schleppen uns zur Arbeit, wo die Minuten dann im Schneckentempo vergehen. Und am Abend fühlen wir uns ausgebrannt und leer, obwohl wir beim besten Willen nicht behaupten können, sonderlich viel erreicht zu haben. Uns fehlt einfach der Sinn in dem, was wir tun. Traurigerweise gibt es nicht wenige Menschen, bei denen die grauen Tage eher die Regel als die Ausnahme darstellen. Diesen Menschen, so würde es Sinek formulieren, fehlt das Warum. Die klare Vorstellung von dem, was uns antreibt im Leben.

Tatsächlich ist vieles attraktiver, sobald ein Warum ins Spiel kommt. Denken wir an die Apple-Computer und Apple-Telefone, die irgendwann zu Beginn des Jahrtausends die Absatzzahlen aller anderen Technikhersteller in den Schatten zu stellen begannen. Was ja nun ganz bestimmt nicht an den erschwinglichen Preisen der Apple-Produkte lag! Mit den sorgfältig und zugegebenermaßen cool designten Macs und iPhones gelang es Apple jedoch, ein Lebensgefühl mit ihren Produkten zu verbinden. Die Leute fühlten sich kreativ und fortschrittlich, wenn sie mit ihrem Apple-Notebook im Café saßen. Sie hatten gewissermaßen ein erfüllendes Warum gratis zu ihrem Gerät mit dazubekommen.

Stellt sich also die Frage, wie wir an unser persönliches Warum kommen und mit uns selbst so glücklich werden wie der Apple-Junkie mit seinem neuen Smartphone. Simon Sinek beschreibt das Modell des *goldenen Kreises:* Auf dem äußeren Ring befindet sich alles, *was* wir tun. Im mittleren Ring findet sich, *wie* wir es tun. Und auf dem inneren Ring, im Zentrum des goldenen Kreises, wartet das *Warum* unseres Handelns. Wollen wir uns die Freude und Lust am Leben zurückerobern, müssen wir zu diesem Zentrum vorstoßen. Sinek zum Beispiel saß im Flugzeug einmal neben einem Verkäufer, der seit 23 Jahren zufrieden in der Stahlbranche tätig war. Wie sich herausstellte, produzierte seine Firma einen besonders umweltverträglichen Stahl mit einer zudem energiesparenden Methode. Das entsprach den Idealen des Mannes, der sich aus tiefster Überzeugung ökologisch engagierte. Der Mann fand also ein Warum in seiner Tätigkeit, und genau das war der Grund, warum er mit so viel Schwung und Zufriedenheit bei der Sache war.

Wollen wir unserem eigenen Warum auf die Spur kommen, so tun wir das am besten im Gespräch mit anderen. Geeignet sind vor allem Menschen, die uns noch nicht allzu gut kennen – weil sie genau nachfragen müssen, um uns zu verstehen. Oftmals müssen wir auf der Suche nach unserem Warum in der Vergangenheit ansetzen. Sinek unterhielt sich mit einer Frau über deren Kindheit. Sie erzählte von den Übergriffen ihres Vaters und davon, wie sie sich schützend vor ihre Schwester gestellt hatte. Mittlerweile war genau das ihr Warum im Leben, nämlich »diejenigen zu beschützen, die sich selbst nicht beschützen können«.

Haben wir unser Warum gefunden, wird es Zeit für den nächsten Schritt: Wir präsentieren unsere Erkenntnis der Öffentlichkeit. Wieder ist es gar nicht verkehrt, wenn wir uns dafür an eine Person wenden, die uns nicht so sehr vertraut ist. Ob es wie Sineks Stahlarbeiter ein Fremder neben uns auf dem Sitz im Flieger ist oder eine Zufallsbekanntschaft abends in der Kneipe – es sind geeignete Zuhörer:innen, denen wir unser Warum erstmals formulieren können. Je mehr es uns gelingt, andere von unserem Warum zu überzeugen, desto mehr wird es auch in uns selbst Wurzeln schlagen. Schließlich können wir auch unseren nahen Bekannten und Freunden von unserer Mission erzählen, Menschen also, denen wir regelmäßig begegnen und die überprüfen können, ob wir unseren Worten tatsächlich Taten folgen lassen. Und noch etwas anderes: Je überzeugender wir sind mit unserem Vorhaben – zum Beispiel uns für den Umweltschutz zu engagieren oder Menschen in

Not zu helfen –, desto größer ist die Wahrscheinlichkeit, dass andere sich uns anschließen und wir als Kollektiv etwas für unser Warum tun können.

Lesbarkeit 📖📖📖📖
Informationsgehalt: 📖📖📖

28

Brian Tracy

Eat that Frog. 21 Wege, wie Sie in weniger Zeit mehr erreichen

Oh, die schrecklichen To-do-Listen! Nie werden es weniger Punkte, immer werden die Erledigungslisten nur länger und länger. Es soll sogar Leute geben, die schreiben To-do-Listen, auf denen sie sich notieren, wie viele To-do-Listen sie noch abzuarbeiten haben! Kein Wunder, wenn man vom Anblick der vielen unerledigten Dinge irgendwann Depressionen bekommt – oder zumindest einen schweren Anfall von Aufschieberitis, der sich bestenfalls mit einem Netflix-Marathon von nicht unter vier Tagen kurieren lässt. Wie um Himmels willen sollen wir die Lage jemals in den Griff bekommen?

Zum Beispiel mit der Lektüre von *Eat that Frog*. Das Buch des kanadisch-amerikanischen Autors empfiehlt zur Stressbewältigung nicht etwa das Studium der traditionellen französischen Frosch-Küche, sondern bezieht sich auf ein amerikanisches Sprichwort: Haben wir das Schlimmste schon hinter uns, nämlich den Frosch zum Frühstück, dann ist der restliche Tag keine große Sache mehr. Soll heißen: Wir müssen uns die To-do-Listen noch einmal ansehen und entscheiden, welches die wichtigen Dinge sind, die wir zuerst erledigen sollten. Die ganz dicken Kröten.

Zur Hilfe nehmen können wir die sogenannte ABCDE-Methode. Jedem Buchstaben ordnen wir eine Dringlichkeitsstufe zu. Unter A notieren wir die Erledigungen mit der höchsten Priorität, etwa den Lebenslauf, den wir für die Bewerbung auf unseren Traumjob noch schreiben müssen. Unter E stehen die weniger wichtigen Dinge – beispielsweise der weiter oben erwähnte Netflix-Marathon. Haben wir unsere ABCDE-Liste fertiggestellt, werden wir sehen, dass die Aufgaben mit der größten Dringlichkeit leider genau die sind, um die wir uns am liebsten drücken würden. Genau das ist unsere Chance: Erledigen wir ohne zu zögern diese anstrengenden Dinge und wenden wir uns erst dann den leichteren Arbeiten zu. Aufschieben gilt nun nicht mehr – jeder Twitter- oder Instagram-Besuch hält uns nur auf und ist am Ende schuld daran, dass wir doppelt so lange gebraucht haben wie geplant.

Überhaupt sollten wir die Ablenkungsgefahr am besten vor Arbeitsbeginn möglichst minimieren. Ein aufgeräumter Schreibtisch zum Beispiel vermittelt auch ein aufgeräumtes Gefühl im Kopf. Stellen wir alles bereit, was wir bei der Arbeit brauchen, sodass wir unterwegs nicht ständig aufstehen und unseren Gedankenfluss unterbrechen müssen. Ein Gourmet-Koch hat in der Küche ja auch sämtliche Zutaten in kleinen Schüsselchen bereitstehen, damit er nicht nach dem Salz suchen muss, während ihm die Sauce schon anbrennt.

Welches sind unsere herausstechenden Fähigkeiten? Haben wir ein Talent für Sprachen? Oder fühlen wir uns wohl im Umgang mit anderen Menschen? Wir sollten uns auf das konzentrieren, was wir gut können – und nicht den falschen beruflichen Fährten folgen. Manchmal haben wir vielleicht das Gefühl, im Leben nicht genügend Zeit zu haben, um uns um das zu kümmern, was uns wirklich am Herzen liegt. Das stimmt oftmals aber gar nicht: Wir könnten morgens auf dem Weg zur Arbeit im Bus oder in der Bahn einen Podcast oder ein Hörbuch zu unserem speziellen Thema hören oder die Zeit verwenden, um per Babbel eine Fremdsprache zu lernen. Wichtig ist, dass wir positiv bleiben, uns immer wieder sagen, dass wir alles schaffen können, was wir auch wirklich schaffen wollen. Sagenhafte 95 Prozent aller Gefühle werden im Kopf durch unsere eigenen Gedanken ausgelöst. Solange wir uns also die richtigen Dinge vorsprechen, wird uns die nötige Motivation niemals fehlen. Und selbst wenn einmal etwas nicht funktioniert, sollten wir – um den Schwung nicht zu verlieren – die positive Grundeinstellung nicht aufgeben.

Angenehmerweise hat man beim Lesen von *Eat that Frog* nicht das Gefühl, man hätte es mit dem Text eines fernöstlichen Philosophen im Stadium der unmittelbar bevorstehenden Erleuchtung zu tun. Und ganz sicher richtet sich Brian Tracy auch nicht an erfolgreiche Geschäftsleute, die bereits die ersten Millionen auf dem Konto haben. Das Buch ist für Normalsterbliche gedacht, bei denen das Scheitern an den eigenen Plänen zum Leben dazugehört. Einen bemerkenswert praktischen Rat hat der Autor für all jene, die am Ende doch wieder das Gefühl nicht loswerden, der Tag sei zu kurz für die eigenen Vorhaben. Warum machen wir nicht einfach einen Termin mit uns selbst, für den wir uns zwei Stunden im Kalender freihalten? Als wären wir bereits der erfolgreiche Geschäftsmann und hätten ein Meeting mit unserem wichtigsten Kunden!

Lesbarkeit: 📖📖📖📖
Informationsgehalt: 📖📖📖📖📖

29

Kathrin Passig, Sascha Lobo

Dinge geregelt kriegen – ohne einen Funken Selbstdisziplin

Der etwas sperrige Begriff der *Prokrastination* beschreibt im Grunde ein einfaches Phänomen: Wir schieben auf, was wir ganz sicher tun wollten. Wir hatten uns fest vorgenommen, endlich die Steuererklärung zu machen, aber dann surfen wir doch wieder ziellos im Internet herum. Die meisten Menschen bekommen ob ihrer Aufschieberitis irgendwann ein schlechtes Gewissen. Kathrin Passig und Sascha Lobo, die Autor:innen dieses wunderbaren Buches, halten eine solche Selbstkasteiung allerdings für nicht notwendig.

Zunächst einmal müssen wir wissen: Die Prokrastination ist besser als ihr Ruf. Tatsächlich hat sie sogar einen Sinn. Würden wir alle Anforderungen fleißig bewältigen, die das moderne Leben an uns stellt, würden wir wohl nach kurzer Zeit vor Erschöpfung kollabieren. Der Beruf, der kaum genug Geld einbringt. Die Familie, die ständig etwas will. Der Freundeskreis, der sich chronisch vernachlässigt fühlt. Hat nicht gerade das Handy gebrummt? Wir müssen dringend mehr Sport treiben! Auf Hiddensee sind schon wieder alle Ferienwohnungen ausgebucht! Welcher Körper soll diesen Stress bewältigen, welches Hirn so viele Anfragen bearbeiten? Wir brauchen also dringend ein Überforderungsventil, eine Pause, in der wir unsere vielen Aufgaben vorübergehend vergessen können. Und genau da kommt die Prokrastination ins Spiel. Sie ist der Moment der Ruhe, den wir uns gönnen müssen, wenn es ohne nicht mehr geht.

Wir können uns die Prokrastination also nicht einfach verbieten. Bestimmen können wir nicht *ob*, sondern lediglich *wie* wir prokrastinieren. Um nun die passende Form des Aufschiebens für uns zu finden, sollten wir wissen, dass es drei Formen von Ersatzbetätigung gibt. Erstens: Wir tun gar nichts. Zweites: Wir tun etwas weniger Wichtiges. Drittens: Wir tun etwas Wichtigeres als das, was wir ursprünglich tun wollten. Logischerweise stellt die dritte Variante der Ersatzbetätigung eine besonders sinnvolle Form der Prokrastination dar, gewissermaßen ein Aufschieben, das uns erst auf die richtige Spur bringt. Nutzen wir also unseren Widerwillen gegen gewisse Dinge, um das zu erledigen, was uns wirklich weiterbringt. Wir sind damit in guter Gesellschaft: Die Filmemacher Ethan und Joel Cohen schrieben das Drehbuch zu ihrem Film *Barton Fink,* als sie mit der Arbeit an einem anderen Film nicht weiterkamen. Linus Torvalds programmierte Linux, weil er sich vor seinem Informatikstudium drücken wollte. Und Robert Schumann setzte sich ans Klavier, weil ihm das Jura-Studium keine Freude bereitete.

Ohnehin kann kein Mensch täglich acht Stunden lang produktiv sein. Einer Studie von AOL zufolge wird zusammengerechnet nur an drei von fünf Wochenarbeitstagen wirklich sinnvoll gearbeitet. Die amerikanische Web-Firma 37signals lässt konsequenterweise ihre Angestellten deshalb nur vier Tage in der Woche arbeiten. Das Ergebnis ist verblüffend: Es wird genauso viel erledigt wie früher an fünf Tagen. Wenn wir einmal mit einer Arbeit nicht weiterkommen, kann es also hilfreich sein, wenn wir uns an unsere begrenzten Produktivitätsreserven erinnern und einfach eine Pause einlegen. Manchmal kommen uns zudem die besten Ideen, wenn wir es gar nicht darauf anlegen. Unser Hirn beschäftigt sich im Hintergrund weiter mit einem bestimmten Problem, und plötzlich, unter der Dusche oder bei der Küchenarbeit, finden wir die lange gesuchte Lösung.

Allzu großer Ehrgeiz führt allgemein zu wenig guten Ergebnissen. Es ist ja ein weit verbreiteter Glaube, wir sollten mehr Sport treiben und regelmäßig eine Diät einlegen. Aus wissenschaftlicher Sicht lässt sich beides nicht bestätigen: Zumindest ein paar überflüssige Pfunde sind für die Gesundheit unbedenklich – wohingegen übertriebener Schlankheitswahn durchaus gefährlich werden kann. Hinzu kommt, dass bei gerade einmal 15 Prozent aller Diät-Programme überhaupt eine Wirkung nachgewiesen werden konnte – der Rest ist Humbug. Bewegung an sich ist sicherlich gut für die Gesundheit, aus wissenschaftlicher Sicht ist es jedoch ausreichend, wenn wir uns unterhalb der Woche täglich für etwa dreißig Minuten körperlich betätigen. Ein wenig Spazierengehen, eine Runde mit dem Fahrrad fahren oder das Unkraut im Garten jäten – das reicht vollkommen aus. Und am Wochenende können wir uns dann mit gutem Gewissen ausruhen.

Also: Schluss mit dem ewigen schlechten Gewissen. Ein Hoch auf die Wissenschaft. Und her mit einer sinnvollen Portion Aufschieberitis.

Lesbarkeit: 📖📖📖📖📖

Informationsgehalt: 📖📖📖

30

Roy Baumeister, John Tierney

Die Macht der Disziplin. Wie wir unseren Willen trainieren können

Wenn wir wirklich alles schaffen können, solange wir nur wollen, was viele Ratgeber ja behaupten, warum sitzen wir dann noch immer in diesem trostlosen Büro? Warum schauen wir jeden Abend diese sagenhaft dämliche Netflix-Serie und futtern dabei die Chipstüte leer? Wir hatten uns doch vorgenommen, in diesem Jahr auf uns zu achten? Wir wollten wirklich alles anders machen, nein, am *Wollen* kann es nicht gelegen haben. Es ist bloß am Abend dann immer alles ganz anders gekommen …

Der Grund für unsere Disziplinlosigkeit am Ende eines Tages – so die Erklärung der beiden Autoren Roy Baumeister und John Tierney – ist der, dass wir von den vorherigen Anstrengungen schon vollkommen erschöpft sind. Die Reserven unserer Willenskraft haben sich in den vergangenen Stunden aufgebraucht: Wir mussten beim Weckerklingeln aufstehen (obwohl wir keine Lust hatten), wir mussten im Büro unsere Arbeit machen (obwohl die Kolleg:innen unerträglich sind), wir mussten mit der U-Bahn nach Hause fahren (obwohl das Gedränge tödlich ist). Es war uns mit der aufgebrauchten Disziplinbatterie gewissermaßen physisch unmöglich, am Abend die Finger aus der Chipstüte zu lassen. Die Fachleute sprechen in diesem Zusammenhang übrigens von *geistiger Erschöpfung* oder *Ego-Depletion.*

Das Training unserer Willenskraft funktioniert bereichsübergreifend. Soll heißen: Es ist egal, mit welcher Tätigkeit wir unseren Willen stählen, das Ergebnis wird sich auf alles übertragen, was wir tun. Wenn wir jeden Tag diszipliniert aus dem Bett springen, sobald der Wecker klingelt, wird uns das auch helfen, eine Diät durchzuhalten und am Abend die Chips im Schrank zu lassen. Eine gute Anfangsübung zum Beispiel wäre, dass wir auf unsere Haltung achten. Ein gerader Rücken ist gut für die Gesundheit, außerdem können wir wirklich immer und überall daran arbeiten, ohne dass es jemandem auffällt. Oder wir achten darauf, weniger »Hä?« und öfter »Wie bitte?« zu sagen. Das ist höflich und lässt sich ebenfalls einfach umsetzen.

Absurderweise haben mehrere Studien nachgewiesen, dass ausgerechnet Zucker unserer Willenskraft nutzt. Wobei nicht die reine Freude über eine Tüte Gummibärchen uns stärkt, sondern tatsächlich die Glukose selbst. Man kennt das ja: Wenn wir zu wenig gegessen haben und unser Blutzuckerspiegel sinkt, haben wir zunehmend Konzentrationsprobleme. Etwas heimtückisch ist dieser Zusammenhang natürlich dann, wenn wir eine Diät machen wollen. Ohne Zucker kein Durchhaltevermögen, aber wie sollen wir abnehmen, wenn wir dafür Zucker brauchen? Die Antwort lautet, dass radikale Diäten einfach nicht sinnvoll sind. Die Anstrengung des Verzichts führt nur dazu, dass wir anschließend umso heftiger über die Stränge schlagen. Besser ist eine ausgewogene Ernährung mit viel Gemüse und Obst, dazu regelmäßig ein bisschen Sport und Bewegung. Dann werden uns auch ein paar Gummibärchen am Abend nicht aus der Form quellen lassen.

Wenn wir genug davon haben, unsere Disziplin zu stärken, können wir uns darauf konzentrieren, die vorhandene Willenskraft clever zu dosieren. Die Ziele, die wir uns im Leben setzen, sollten möglichst realistisch sein, da wir auf dem Weg zur Verwirklichung eines unerreichbaren Traums zwangsläufig irgendwann schlapp machen werden. Auch widersprüchliche Ziele kosten unnötig Kraft. Eine ehrgeizige Karriere zu verwirklichen und gleichzeitig viel Zeit mit der Familie zu verbringen – das hat noch nie geklappt, sondern sorgt für unnötigen Stress. Der dann übrigens nur wieder unsere Willensbatterien leersaugt. Auf der anderen Seite gibt es Ziele, die sich wunderbar kombinieren lassen: Wer zum Beispiel mit dem Rauchen aufhören will, kann gleichzeitig Geld sparen.

Großen Einfluss auf die Disziplin eines Menschen hat die richtige Erziehung. Oder eben die falsche. Viele Eltern glauben, dass ein großes Selbstbewusstsein förderlich ist für die Leistungen ihres Kinders. Deshalb wird gelobt, wann immer es irgendwie möglich ist. Das hast du toll gemalt!, heißt es – auch wenn das Strichmännchen weder Arme noch Beine hat. Für das Kind ist diese Art der Erziehung kontraproduktiv. Ein zu großes Selbstvertrauen führt allein dazu, dass wir uns überschätzen und weniger Mühe in die von uns geforderten Aufgaben stecken. Viel hilfreicher für unsere Kinder wäre es, wenn wir ihnen eine gesunde Mischung anbieten: Zuneigung, Unterstützung und aufrichtiges Lob auf der einen Seite, die freundliche Anregung zur Disziplin auf der anderen.

Lesbarkeit: 📖📖📖📖📖

Informationsgehalt: 📖📖📖📖

31

Cal Newport

Konzentriert arbeiten. Regeln für eine Welt voller Ablenkungen

Wie oft klingelt oder summt Ihr Telefon während der Lektüre dieses Buches? Hundert Mal? Zweihundert? Noch öfter? Fest steht wohl nur, dass wir jedes Mal, wenn unser Smartphone einen Signalton von sich gibt, aus der Konzentration geraten. Wenn wir nachsehen, was unser Telefon uns mitteilen will, wenn wir innerlich gegen den Impuls ankämpfen, das verfluchte Ding noch einmal in die Hand zu nehmen – ständig geraten unsere Gedanken aus der Spur. Unser Hirn verliert infolge der Ablenkung kleine Details von dem, was sonst gerade in unserem Leben vorgeht. Vor einigen Jahren war Multitasking seltsamerweise noch in Mode: Leute galten als cool, die gleichzeitig ihren Job erledigen, die Aktienkurse checken, die Kinder zur Kita bringen und den letzten Beziehungsknatsch lösen konnten. Inzwischen hat sich die Erkenntnis durchgesetzt, dass die Resultate leider zu wünschen übrig lassen, wenn wir auf vielen Hochzeiten gleichzeitig tanzen. Die Funktionsweise unseres Hirns hat sich in wissenschaftlichen Untersuchungen – etwa 2009 an der University of Minnesota – nachvollziehen lassen: Wechseln wir zu schnell von Tätigkeit A zu Tätigkeit B, bleiben wir für einen Moment noch der Tätigkeit A verhaftet und geraten in einen sinnlosen Zustand der Halbkonzentration.

Stellt sich die Frage, wie wir es in unserer Ablenkungsgesellschaft zu einer einigermaßen gesunden Konzentration bringen sollen? Nun, gewissermaßen zur Vorbereitung, könnten wir unserem Hirn eine kleine Pause gönnen, indem wir das Handy für einen Zeitraum von 30 Tagen zur Seite legen. Das könnte zunächst ein Experiment sein – wollen wir anschließend unbedingt zur ursprünglichen Dauernutzung zurückkehren, können wir das ja tun. Vielleicht haben wir in diesen 30 Tagen aber auch gar nichts vermisst und unsere Handy-Sucht schon weitestgehend überwunden. Wir können dann den digital Detox als Lebensstil in unseren Alltag integrieren und unsere Nutzung der sozialen Medien einer generellen Inspektion unterziehen.

Nach Abschluss dieser kleinen Vorübung können wir uns dem eigentlichen Konzentrationstraining widmen, das Cal Newport in seinem Buch als *Deep Work* bezeichnet. Voll leistungsfähig werden wir demnach, indem wir uns in eine Art meditative Arbeitstrance versetzen, für die es, je nach persönlicher Veranlagung, vier verschiedene Ansätze gibt.

Die mönchische Philosophie. So wie es buddhistische und christliche Mönche und Nonnen seit Tausenden von Jahren tun, ziehen wir uns möglichst radikal aus der Gesellschaft zurück. Auf diese Art blenden wir alle nervigen Reize und Ablenkungen einfach aus – bekommen aber vielleicht Ärger mit unserem Freundeskreis oder der Familie.

Die biomodale Philosophie. Wir halten uns einige Tagesabschnitte für unsere *Deep Work*-Phasen frei. Wichtig sind dabei möglichst genaue Grenzen zwischen Arbeit und Freizeit. Aus dem Büro sollten wir keine Arbeit mit nach Hause nehmen; arbeiten wir freiberuflich im Homeoffice, lesen wir zum Beispiel nach 18:00 Uhr keine beruflichen E-Mails mehr. So lernt unser Hirn, dass es ab einer bestimmten Uhrzeit von Arbeit auf Entspannung schalten kann. Und Entspannung ist immer eine gute Sache.

Die rhythmische Philosophie. Bei dieser Methode unterteilen wir den Tag in einzelne Zeitblöcke, in denen wir dann konzentriert arbeiten. Sinnvoll wären Einheiten von 90 Minuten, aber auch kürzere Blöcke von nur 30 Minuten sind möglich. Wichtig ist, dass wir realistisch bleiben und bei unserer Planung auch private Dinge berücksichtigen: Einkauf und Essen, die Steuererklärung, ein bisschen Entspannung am Abend. Um in den Rhythmus zu kommen, sollten wir den Plan zunächst schriftlich festhalten.

Die journalistische Methode. Dieser Weg bietet sich für alle an, die mit der üblichen Aufschieberitis kein Problem haben. Wie die rasenden Reporter:innen nutzen wir spontan jede freie Minute, um uns mit größter Konzentration in der Arbeit zu versenken. Klingt gut für die, die das hinbekommen, wobei sich die Frage stellt, ob für derartige Spontaneitätsgenies ein Buch wie das von Cal Newport überhaupt nötig ist.

Mit ein bisschen Disziplin und der passenden Herangehensweise – so das Versprechen des Autors – können wir alles erreichen, was wir uns vorgenommen haben. Für Cal Newport scheint die Sache funktioniert zu haben: Er arbeitet als Professor für Computerwissenschaften an der

Georgetown University und hat nebenher mehrere Bestseller verfasst. Einen Facebook- oder Twitter-Account hat der Mann allerdings nicht.

Lesbarkeit: 📖📖📖📖

Informationsgehalt: 📖📖📖📖

32

Richard Bandler, Roberti Alessio, Owen Fitzpatrick

Die ultimative Einführung in NLP. Werkzeuge für ein erfolgreiches Leben

Menschen sind bekanntermaßen keine Computer. Das wäre auch eine recht gruselige Vorstellung – was, wenn jemand unsere Festplatte hackt und uns umprogrammiert? Tatsächlich gibt es aber eine neurolinguistische Therapierichtung, die darauf setzt, dass sich unsere Gehirne überschreiben oder zumindest in ihrer Denktätigkeit beeinflussen lassen. Erfinder des Ganzen ist der US-amerikanische Mathematiker, Informatiker und Psychologe Richard Bandler, der in den 1970er-Jahren das *Neuro-Linguistische Programmieren* entwickelte. Zum Glück geht es beim NLP nicht um eine feindliche Machtübernahme unseres Denkens, sondern um eine Selbstprogrammierung zur Verbesserung der eigenen Lebensqualität. Wir fragen wie immer: Was ist dran an der Idee?

Kaum von der Hand zu weisen ist, dass Menschen im Verlauf ihres Lebens feste Denkmuster entwickeln. Man spricht von einer *Mindmap,* die unsere Wahrnehmung bestimmt und sich aus drei Grundprozessen zusammensetzt: dem *Löschen, Pauschalisieren* und *Verzerren*. Um sie zu erklären, können wir uns einen Stadtplan vorstellen:

- Wir *löschen* Details, die uns unwichtig erscheinen – kleine Seitenstraßen und Fußwege. Umgekehrt entdecken wir manchmal eine Baulücke erst, nachdem wir unzählige Male daran vorbeigelaufen sind – weil das Haus bisher auf unserem Plan noch verzeichnet war.
- Wir legen uns *pauschalisierende* Denksätze zurecht – so wie auf dem Plan sämtliche Straßen schnurrgerade verlaufen und alle Wasser blau sind. Werden wir einmal im Bewerbungsgespräch abgelehnt und geben deshalb die Jobsuche endgültig auf, werden wir im Leben nicht weit kommen.
- Landkarten *verzerren* das Bild der Wirklichkeit, Entfernungen und Höhen stellen sich in natura oftmals anders dar. Ähnlich funktioniert unsere Wahrnehmung. Grüßt ein:e Nachbar:in uns nicht, gehen wir automatisch davon aus, es gäbe vielleicht ein Problem im Haus. Vielleicht ist aber nur ein Ehestreit in der Wohnung nebenan die Ursache der Unaufmerksamkeit.

Wenn wir unsere *Mindmap* nicht regelmäßig auf den neusten Stand bringen, bekommen wir zwei Probleme. Zum einen gewöhnen wir uns an Beschränkungen, die möglicherweise in unserem Leben nicht mehr sinnvoll sind. Ein Beispiel wäre die Flugangst: Früher sind tatsächlich einige Maschinen vom Himmel gefallen. Inzwischen hat sich die Technik so entwickelt, dass Fliegen eine der sichersten Fortbewegungsarten überhaupt ist. Das zweite Problem besteht darin, dass wir vielleicht Dinge für möglich halten, die es schon nicht mehr sind. Haben wir uns aus einer destruktiven Beziehung befreit, wäre es fatal, wenn wir auch der nächsten großen Liebe sofort wieder misstrauisch nachspionieren.

Um unser Denken zu ändern, können wir negative Gefühle durch positive Assoziationen ersetzen. Das gelingt uns durch das sogenannte *Ankern.* Beispielsweise können wir an etwas denken, das für uns mit einem Glücksgefühl verbunden ist. Haben wir das Gefühl verinnerlicht, stellen wir uns vor, es würde wie ein kleines Schildchen an dem Wort *Spaß* hängen. Wann immer wir uns mies fühlen, denken wir nun an das Wort *Spaß* und werden uns besser fühlen, weil unser Hirn die Verknüpfung zu den positiven Emotionen herstellt. Auch Ängste können wir auf diese Art entschärfen. Der Autor des Buches etwa hatte mit einem Mann zu tun, der unter einer panischen Schüchternheit gegenüber Frauen litt. Gleichzeitig war er ein passionierter Skispringer, weshalb er den heiß geliebten Kitzel des Absprungs mit der Aufregung des Flirtens verbinden konnte und seine Ängste schließlich verlor.

Um unsere Pauschalisierungen und Vorurteile gegenüber anderen zu überwinden, können wir das *Metamodell* nutzen. Dazu brauchen wir die fünf *W-Fragen:* Was? Wie? Wann? Wo? Wer? Nehmen wir an, ein:e Freund:in jammert: »Alle Menschen hassen mich.« – *Was* ist gemeint mit »alle Menschen«? Wirklich sämtliche Erdbewohner:innen? Das wäre doch eher unwahrscheinlich. *Wie* kann unser:e Freund:in überhaupt wissen, dass die anderen eine starke Abneigung empfinden? Vielleicht sind diese Leute ja gerade nur im Stress und deshalb ein bisschen ruppig? Je mehr wir den Gedanken hinterfragen, desto mehr wird unser:e Freund:in die innere Karte überarbeiten müssen.

Bleibt die entscheidende Erkenntnis, dass unsere Vergangenheit so stark ist, dass sich damit unser Empfinden in Bezug auf die Zukunft umprogrammieren lässt. Stellen wir uns vor, dass wir Angst vor einem bevorstehenden Ereignis haben. Wir können uns nun in eine ruhige Ecke zurückziehen und uns in fünf möglichst schöne Erinnerungen versenken. Denken wir anschließend wieder an das besorgniserregende Ereignis in der Zukunft, werden wir feststellen, dass wir nun wesentlich optimistischer eingestellt sind – eine typische Wirkweise des Neuro-Linguistischen Programmierens. Es funktioniert tatsächlich, zumindest bei entsprechend gewissenhafter und regelmäßiger Anwendung. Niemand sollte allerdings erwarten, dass er:sie am Ende ein vollkommen neues Gehirn bekommt.

Lesbarkeit: 📖📖📖📖

Informationsgehalt: 📖📖📖📖

33

Christiane Stenger

Lassen Sie Ihr Hirn nicht unbeaufsichtigt. Gebrauchsanweisung für Ihren Kopf. Neues von der Gedächtniskünstlerin

Wenn wir ganz ehrlich sind, wussten vermutlich die wenigsten von uns, dass *Gedächtnissport* eine ernst zu nehmende Sache ist. Nach kurzer Recherche lässt sich jedoch Erstaunliches berichten: Der Weltrekord im Nummernmerken zum Beispiel liegt in der Disziplin der »gesprochenen Dezimalzahlen« bei 456 Ziffern, die den Teilnehmer:innen im Ein-Sekunden-Takt vorgelesen wurden. Unfassbar! Eine Frau, die es in Deutschland in dieser Sportart weit gebracht hat, ist Christiane Stenger – ihres Zeichens mehrfache Juniorenweltmeisterin im Gedächtnissport und zudem erfolgreiche Sachbuchautorin. Da Frau Stenger sich vermutlich gut mit ihrem Sportgerät auskennt, wollen wir nachsehen, was sie zur Funktionsweise unseres Hirns zu sagen hat. Denn so viel haben wir aus den bisherigen Ratgebern gelernt: Man muss schauen, wie's die Profis machen!

Zunächst einmal besteht unser Denkapparat aus etwa 100 Milliarden Hirnzellen, die als Neuronen bezeichnet werden. Die evolutionstechnisch gesehen älteren Teile des Gehirns sind für die sogenannten vegetativen Prozesse zuständig: Atmen und Verdauen, reflexhaftes und instinktives Verhalten. Die »neueren« Hirnbereiche ermöglichen uns das abstrakte Denken, das Sprechen, die Wahrnehmung von Schönheit und unsere Kreativität. Entscheidend für das Schalten und Walten unseres Hirns ist vor allem aber seine selektive Eigenschaft: Es wählt aus, was es in unser Bewusstsein vorlässt. Die moderne Hirnforschung formuliert es so: Wir sind nicht unbedingt frei in unseren Entscheidungen. Das Hirn ordnet uns die Informationen zu, nach denen wir unser Handeln ausrichten. Es versucht Zeit und Energie zu sparen, indem es unser Denken zum Beispiel nach Vorurteilen ordnet und in handlichen Schubladen zurechtlegt. Umgekehrt ist das Hirn von allen emotionalen Prozessen beeinflusst: Haben wir Angst oder leiden unter einem angeschlagenen Selbstbewusstsein, laufen die Prozesse der Entscheidungsfindung zum Beispiel wesentlich langsamer ab, als wenn wir uns gut gelaunt und voller Begeisterung in eine Sache stürzen.

Um trotzdem das Beste aus diesem launischen Bordcomputer herauszuholen, müssen wir sehr sorgsam mit unseren Energien umgehen. Nach etwa 90 bis 120 Minuten konzentrierter Arbeit ist der Arbeitsspeicher unseres Gehirns erschöpft. Keinesfalls sollten wir zur Erholung im Internet surfen oder unseren Insta-Account checken – jeder Klick fordert aus Sicht des Hirns nur wieder eine Entscheidungsanstrengung. Viel sinnvoller ist ein Spaziergang an der frischen Luft, wo wir von der Informationsflut unserer Tage abschalten und unsere Konzentrationsfähigkeit wiederherstellen können.

Apropos Stress: Wir alle haben zu viel zu erledigen, zu viel zu bedenken, zu viel Input zu verdauen. Auch 100 Milliarden Hirnzellen können ein solches Organisationschaos nicht ganz ohne Hilfe bewältigen. Wichtig ist deshalb ein sorgfältiges Zeitmanagement: Wir sollten unsere Tage und Wochen möglichst genau vorausplanen und übergroße Ziele auf überschaubare Arbeitsschritte herunterbrechen. Sehr schön ist ein Tipp von der Großmutter der Autorin, die das Weihnachtsfest grundsätzlich so plante, als würde es bereits am 23. Dezember stattfinden. Das leuchtet ein: Wenn wir unsere Deadlines immer einen Tag früher in den Terminplaner tippen, werden wir am Ende weniger Stress bekommen.

Selbst wenn wir unsere Alltagsüberforderung in den Griff bekommen und niemals wieder unter Stress leiden, werden wir uns gelegentlich noch von unsrem Hirn im Stich gelassen fühlen. Dieser sprichwörtliche Moment, wo wir auf ein weißes Blatt Papier starren und der erste Satz einfach nicht kommt will. Die gute und simple Idee zur Überwältigung der Starre: Man sollte einfach loslegen. Niemand kann sich vor Arbeitsbeginn einen ganzen Roman im Kopf zurechtlegen, weshalb wir also lostippen, unsere Figuren entwerfen und schauen sollten, wohin die Geschichte uns führt. Wir werden schnell feststellen, dass unsere anfängliche Lähmung verschwunden ist und wir nun mit Begeisterung bei der Sache sind.

Tatsächlich finden sich in Christiane Stengers Büchlein viele konkrete Tipps und wissenschaftlich fundierte Vorschläge, wie wir aus unserem Oberstübchen ein bisschen mehr Leistung herauskitzeln können. Kurzweilig, alltagstauglich und empfehlenswert.

Lesbarkeit: 📖📖📖📖📖

Anwendbarkeit: 📖📖📖📖📖

34

Catherine Price

Endlich abschalten. Warum Urlaub vom Smartphone uns Zeit, Glück und Liebe schenkt

In der Straßenbahn, an der Bushaltestellte, im Wartezimmer – überall starren die Menschen wie hypnotisiert auf ihre Smartphones. Einer Umfrage des internationalen Prüfungs- und Beratungsunternehmens Deloitte zufolge nehmen die Menschen in den USA ihr Smartphone pro Tag durchschnittlich 47 Mal zur Hand – wobei sich die Zahl in der Altersgruppe von 18 bis 24 Jahre auf stattliche 82 Anwendungen erhöht. Das Technologie-Magazin *HackerNoon.com* veröffentlichte bereits 2015 eine Untersuchung, der zufolge die Amerikaner:innen pro Tag vier Stunden mit der Nutzung ihres Smartphones verbrachten. Das sind pro Woche 28 Stunden. Also in etwa der Zeitrahmen, in dem wir einen anspruchsvollen Halbtagsjob unterbringen könnten.

Abhilfe schafft das Buch der Wissenschaftsjournalistin Catherine Price. Darin enthalten ist ein herrlich konkreter 30-Tage-Plan, mit dessen Hilfe sich unsere Abhängigkeit überwinden lässt. Und um eine Abhängigkeit geht es schließlich: Die bunten Farben des Displays, die vielen Likes und persönlich auf uns zugeschnittenen Nachrichten lösen derart heftige Dopamin-Ausschüttungen aus, dass viele von uns bei »Entzug« mit ernst zu nehmenden Suchterscheinungen zu kämpfen haben und das verfluchte Ding einfach nicht mehr aus der Hand legen können.

Hier die 30-Tage-Diät, mit der es gelingen kann:

Tag 1 und 2: Wir führen ein Protokoll, um herauszufinden, wie oft wir tatsächlich aufs Handy schauen. Entsprechende Apps oder Funktionen unseres Betriebssystems können uns helfen, unsere private Suchtstatistik aufzustellen.

Tag 3 und 4: Wir überprüfen, wie sich unsere Laune ändert, sobald wir das Telefon zur Hand nehmen. Fühlen wir uns nicht besser, wenn wir eine Tätigkeit ohne Telefonunterbrechung zu Ende führen?

Tag 5, 6 und 7: Wir löschen unsere Social-Media-Apps. Keine Panik – nur die Apps, nicht die Konten! Die gewonnene Zeit können wir sinnvoll nutzen. Ein bisschen Sport, ein Abend mit Freunden, endlich mal wieder ein gutes Buch.

Tag 8: Alle Benachrichtigungsfunktionen werden ausgestellt. Kein Klingeln mehr, kein Vibrationsalarm. Endlich Stille.

Tag 9: Alle Apps, die nicht lebensnotwendig, sind wie die App zur Kontoführung oder zur GPS-Navigation, werden gelöscht. Soziale Medien, Dating-Apps, Spiele – das alles ist von jetzt an ein No-Go.

Tag 10: Das Ladekabel wird aus dem Schlafzimmer verbannt. Wir wollen das Smartphone vor dem Schlafen und unmittelbar nach dem Aufwachen nicht mehr in unserer Nähe haben.

Tag 11 und 12: Um den Status quo zu halten, tun wir Dinge, für die wir das Smartphone nicht brauchen. Wir stöbern in der Buchhandlung nach einem interessanten Buch. Wir machen einen Spaziergang im Wald. Wann haben wir das zum letzten Mal gemacht?

Tag 13 und 14: Wir richten einen handyfreien Bereich in der Wohnung ein. Sinnvoll wäre das Ess- oder Wohnzimmer. Auch eine Handy-Sperrzeit wird nun fällig: Brauchen wir das Smartphone wirklich noch nach 19:00 Uhr?

Tag 15 und 16: Es ist an der Zeit, an unserem Verhalten zu arbeiten. Wann immer wir nach dem Handy greifen, versuchen wir innezuhalten und ganz bei uns zu bleiben. Ist es wirklich nötig, dass wir in genau diesem Moment einen Blick auf das Gerät werfen? Lauschen wir stattdessen unserer Atmung und warten wir ab, bis der Moment vorübergeht.

Tag 17 und 18: Ein paar Konzentrationsübungen unterstützen unser Durchhaltevermögen. Wir können ein Stück klassischer Musik mit voller Aufmerksamkeit durchhören oder das große Einmaleins im Kopf aufsagen.

Tag 19 und 20: Es ist so weit. Wir schalten das Smartphone für zwei ganze Tage aus. Wichtig: Ein Notizblock, auf dem wir aufschreiben, was wir später auf dem Gerät nachsehen wollen. Die Möglichkeit zur

Aufzeichnung wird uns den Vorwand nehmen, das Gerät doch kurz einzuschalten.

Tag 22 und 23: Wie haben uns die vergangenen zwei Tage gefallen? Was war gut an der Smartphone-freien Zeit? Was haben wir wirklich vermisst?

Tag 24, 25 und 26: Wir können letzte Aufräumarbeiten in unserem digitalen Leben vornehmen. Beispielsweise können wir endlich den Posteingang unseres E-Mail-Accounts aufräumen. Alle Newsletter, die uns schon lange nerven, werden jetzt gekündigt. In einem neu eingerichteten Postfach können wir zukünftig die wenigen Mails sammeln, die wir wirklich beantworten müssen.

Tag 27, 28, 29 und 30: Wir verfolgen weiterhin aufmerksam unser Telefon- und Online-Verhalten. Sehr wahrscheinlich greifen wir nun weniger nach unserem Handy – und wesentlich bewusster. Zum Abschluss legen wir noch eine weitere zweitägige Handy-Pause ein wie schon an Tag 19 und 20.

Haben wir die 30 Tage hinter uns gebracht, sollten wir unser weiteres Vorgehen sorgfältig planen. Sehr wahrscheinlich macht es Sinn, jeweils am Ende eines Monats zu überprüfen, ob wir unsere neuen Regeln noch einhalten. Wenn nicht, können wir uns mit einer Smartphone-Diät jederzeit wieder auf die Spur bringen.

Lesbarkeit: 📖📖📖📖

Informationsgehalt: 📖📖📖📖📖

35

Tony Buzan

Speed Reading. Schneller lesen, mehr verstehen, besser behalten

Kennen wir alle: Die guten Bücher stapeln sich auf dem Nachtschrank, und wir kommen einfach nicht dazu, sie zu lesen. Wir hören von Büchern, lesen über Bücher, sehen Instagram-Posts zu Büchern, die uns interessieren würden. Aber woher zum Teufel sollen wir die Zeit nehmen, all das zu lesen? Wie soll das gehen? Eine Möglichkeit wäre: Wir lesen einfach schneller.

In seinem Buch *Speed Reading* geht Tony Buzan über die reine Schnellleserei deutlich hinaus. Dem Autor ist nicht allein an der Menge der Seiten gelegen, die wir uns in einer bestimmten Zeit einverleiben sollen, sondern es geht ihm auch um den Inhalt des jeweiligen Textes – um die Funktionsweise unseres Gehirns, um unsere Aufnahmefähigkeit und um das, was beim Lesen wirklich in uns passiert.

Zunächst einmal schlagen wir ein Buch auf und gleiten mit den Augen über die Zeile. Dabei erfassen wir mehr oder weniger lange

Textpassagen bestehend aus einigen Wörtern, deren gemeinsame Bedeutung wir begreifen. Menschen, die schnell lesen, erfassen pro Blick drei bis fünf Wörter, langsame Leser:innen hingegen nur ein bis zwei Wörter. Zudem springen Letztere ständig zurück, um sich zu vergewissern, ob sie alles richtig verstanden haben, und genau dieses Zurückspringen ist ein Fehler, da es uns daran hindert, den größeren Zusammenhang des Textes zu erfassen. Um unser Leseverhalten in den Griff zu bekommen, können wir mit einem Kugelschreiber oder einem chinesischen Essstäbchen unter dem Text entlangfahren – unsere Augen werden dann wie automatisch der Bewegung folgen. Und unser Hirn wird die einzelnen Sinneinheiten schnell zu einem großen Ganzen zusammensetzen.

Denn so funktioniert unser Denkapparat: Er überbrückt Lücken im Sinn. Wann immer wir zwei unabhängige Informationen erhalten, stellen wir eine sinnvolle Verbindung zwischen ihnen her. Genau deshalb ist es auch kontraproduktiv, wenn wir möglichst langsam lesen, um einen schwierigen Text zu verstehen. Es entspricht nicht der Funktionsweise unseres Gehirns, komplexe Informationen derart langsam aufzunehmen. Je schneller wir lesen, desto eher können wir im Oberstübchen die Wörter zu sinnvollen Einheiten ordnen und verarbeiten. Es klingt widersprüchlich, entspricht aber den Tatsachen: Schnelleres Lesen führt zu einem besseren Verständnis.

Eine Information, die in diesem Zusammenhang vielleicht interessant ist: Etwa 80 Prozent unseres Sehens finden im Augenwinkel statt. Wie so vieles stammt unsere Konzentration auf das sogenannte *periphere Sehen* aus der Frühzeit unserer Menschwerdung – damals war es gut, wenn wir den Säbelzahntiger schon am Bildrand herbeispringen sahen. Aufs Lesen bezogen bedeutet diese spezielle Art der menschlichen Datenverarbeitung, dass wir nicht lediglich die Textzeile erfassen können, die wir gerade lesen, sondern durchaus auch die umliegenden Seitenbereiche. Insbesondere in der deutschen Sprache, wo die Auflösung des Satzes oftmals erst nach ewig langen Einschüben und einem letzten Komma weiter hinten sowie einer schier unendlichen Satzinhaltsverzögerungszeitspanne verraten wird, macht das übrigens Sinn.

Wirklich interessant an Tony Buzans Buch ist, dass es sich nicht ausschließlich aufs Lesen konzentriert, sondern zudem eine Einführung in das eigentliche Lieblingsthema des Autors bietet – das *Mindmapping*. Es geht dabei um unsere Fähigkeit, die Dinge nicht bloß aufzunehmen, sondern auch längerfristig zu behalten. Aus der Schulzeit kennen wir jene eifrigen Schüler:innen, die brav jedes Wort mitzuschreiben versuchten. Ein bisschen seltsam fanden wir das schon damals, von Tony Buzan bekommen wir nun nachträglich recht. Unser Hirn besteht bekanntermaßen aus einer rechten und einer linken Hirnhälfte; die linke ist für das rechnerische und logische Denken zuständig, die rechte für unsere kreativen Einfälle. Wenn wir nun hektisch alles mitkritzeln, was uns vorgesprochen wird, bleibt keine Zeit, das Gesagte auch wirklich zu verarbeiten. Wir werden den Inhalt bald wieder vergessen haben. Beim *Mindmapping* hingegen notieren wir uns nur die wichtigsten Schlüsselwörter, vielleicht sogar farbig oder in Form von kleinen Zeichnungen. Damit sprechen wir nicht nur unsere fleißige linke Hirnhälfte an, sondern auch die kreative rechte Hälfte – und regen damit eine längerfristige Verarbeitung an. Diese Technik des *Mindmapping* können wir ergänzend zum *Speedreading* einsetzen, in dem wir uns einige wenige, dafür aber besonders sinnvolle Notizen beim Lesen machen. Und damit kommen wir nicht bloß schneller durch den Bücherstapel auf unserem Nachtisch, es wird am Ende auch mehr hängen bleiben.

Lesbarkeit: 📖📖📖📖
Informationsgehalt: 📖📖📖📖📖

Erfolg
und persönliche
Entwicklung

36

James Clear

Die 1%-Methode – minimale Veränderung, maximale Wirkung. Mit kleinen Gewohnheiten jedes Ziel erreichen. Mit Micro Habits zum Erfolg

Folgendes Gedankenspiel: Wir sitzen in einem Flugzeug, das von Berlin nach Paris fliegen soll. Während der Startvorbereitungen beschließt der Pilot, den Kurs zu ändern und einige Gradpunkte südlicher zu fliegen als sonst. Die Nase des Flugzeugs würde sich nur um wenige Zentimeter bewegen, niemand könnte von außen die winzige Verschiebung auch nur bemerken. Und trotzdem wäre die Wirkung auf die Gesamtflugstrecke erheblich. Die Passagiere würden nicht in Paris landen, sondern möglicherweise in Rom. Kein Croissant unterm Eifelturm, stattdessen Pizza am Kolosseum.

Ähnlich funktioniert es mit unseren guten und leider auch schlechten Gewohnheiten. Wenn wir jeden Tag 20 Minuten joggen, werden wir nicht sofort eine Verbesserung unseres Befindens spüren, längerfristig aber fitter und schlanker werden. Eine einzelne Familienportion Vier-Käse-Pizza wird uns wenig anhaben können – gönnen wir uns jeden

Abend eine solche Kaloriensünde, wird die Waage am Ende des Monats deutlich nach rechts ausschlagen.

Der Autor James Clear untersucht mit geradezu wissenschaftlichem Eifer die einzelnen Bestandteile unseres Verhaltens. Jede Gewohnheit, so erklärt er, besteht aus vier Phasen: *Reiz*, *Verlangen*, *Handlung* und *Belohnung*. Wollen wir unsere üblichen Aktionsmuster ändern, müssen wir nicht gleich unsere komplette Persönlichkeit revolutionieren. Es reicht, wenn wir kleine Änderungen an den einzelnen Gewohnheitsbestandteilen vornehmen und so – wie das Flugzeug auf dem Weg nach Paris – unser neues Ziel ansteuern. Zur Orientierung auf der Reise gibt uns der Autor vier Gesetze an die Hand:

1. *Die Gewohnheit muss offensichtlich sein*
Hat sich eine Gewohnheit in unserem Leben etabliert, registrieren wir kaum noch den auslösenden *Reiz*. Wenn zum Beispiel unser Telefon brummt, nehmen wir es automatisch in die Hand, um die neue Nachricht zu lesen. Wollen wir uns eine neue positive Gewohnheit anerziehen, können wir hierzu den Auslösereiz verstärken. Wenn wir unsere Ernährung ändern wollen, macht es Sinn, die Schokolade außer Reichweite zu bringen und frisches Obst im Zimmer bereitzustellen. Unsere neuen Vorhaben sollten zudem möglichst konkret sein. *Irgendwann möchte ich besser essen* – dieses Vorhaben wird sich leicht aufschieben lassen. *Ab Montagmorgen esse ich Obst und Müsli zum Frühstück* – hier ist die Wahrscheinlichkeit höher, dass wir unser Essverhalten tatsächlich zu ändern beginnen.

2. *Die Gewohnheit muss attraktiv sein*

Wenn wir einer befriedigenden Tätigkeit nachgehen – Essen, Sex, Fernsehen –, belohnt unser Hirn uns mit der entsprechenden Dopamin-Ausschüttung. Das Verrückte ist, dass wir die *Belohnung* schon empfinden, wenn wir uns die Dinge lediglich vorstellen. Unser Hirn macht keinen Unterschied zwischen dem Gedanken an eine angenehme Tätigkeit und der tatsächlichen Ausführung. Was der Grund dafür ist, dass Kindern die Vorfreude auf Weihnachten mindestens so wichtig ist wie das eigentliche Fest. Wollen wir unser Verhalten ändern, können wir uns diesen Mechanismus zunutze machen, indem wir angenehme und unangenehme Tätigkeiten miteinander verknüpfen. Wollen wir zum Beispiel mehr Sport treiben, können wir uns einen gemütlichen Fernsehabend nach dem Training in Aussicht stellen und so den Gedanken an die quälende Ertüchtigung mit einer kleinen Dopamin-Ausschüttung verbinden.

3. *Die Gewohnheit muss einfach sein*

Gewohnheiten entstehen durch Wiederholung. Das Problem ist jedoch, dass wir einige Tätigkeiten gern wiederholen, während es uns bei anderen Dingen schwerfällt. Unseren Social-Media-Account checken wir alle zehn Minuten, den Besuch im Fitnessstudio verschieben wir regelmäßig. Wir sollten deshalb den Aufwand für unsere guten Gewohnheiten reduzieren und die Hürden für unsere schlechten Gewohnheiten erhöhen. Warum das Handy am Abend nicht einfach ausschalten und in die Schublade legen? Zur Abwechslung können wir uns stattdessen in Sportklamotten aufs Sofa setzen – die Wahrscheinlichkeit, dass wir in diesem Aufzug irgendwann vor die Tür gehen und zu laufen beginnen, ist tatsächlich hoch.

4. *Die Gewohnheit muss befriedigend sein*
So wie unsere Welt funktioniert, erreichen *Belohnungen* uns mit einiger Verzögerung. Wir gehen jeden Tag arbeiten, bekommen den Lohn aber erst am Monatsende. Unser Hirn steckt jedoch in einem früheren Entwicklungsstadium fest: Bei Hunger schickt es uns auf die Jagd und bei Regen zurück in die Höhle. Wenn also absehbar ist, dass der positive Effekt einer Verhaltensänderung sich erst mit Verzögerung einstellen wird, können wir uns mit einer sofortigen Belohnung ködern. Wer weniger auswärts essen und öfter selbst kochen will, kann sich für jeden gesparten Abend im Restaurant den entsprechenden Betrag ins Sparschwein stecken – und damit vielleicht eines Tages einen Trip nach London oder Madrid finanzieren!

Lesbarkeit: 📖📖📖📖
Informationsgehalt: 📖📖📖📖📖

37

Tim Ferriss

Tools der Titanen. Die Taktiken, Routinen und Gewohnheiten der Weltklasse-Performer, Ikonen und Milliardäre

Wenn es sich je gelohnt hat, anstelle des Originals auf eine Buchbesprechung zurückzugreifen, dann hier: 736 Seiten! Annähernd 200 Interviews hat der Bestsellerautor Tim Ferriss für seinen Podcast mit zumeist erfolgreichen und berühmten Menschen geführt, um sie zu ihren jeweiligen Erfolgsstrategien zu befragen. Wie haben diese Unternehmer:innen, Künstler:innen, Mediziner:innen, Sportler:innen und Hollywoodstars es angestellt, derart gesund, reich, zufrieden, schlau und kreativ zu werden? Nun, hören wir kurz rein in die große Tim-Ferriss-Show!

Der Arzt Justin Mayer zum Beispiel setzt auf Individualität. Allgemein herrscht heute ein strenger Konsens darüber, was gut für uns sein soll und was nicht. Zu viel Fleisch ist ungesund, zu viel Alkohol oder Zucker oder Koffein sowieso, Kohlenhydrate nach 18:00 Uhr sollten wir vermeiden. Justin Mayer, der als Berater mit Leistungssportler:innen und Gesundheitsexpert:innen zusammenarbeitet, hat herausgefunden, dass ein hoher Cholesterinspiegel – gilt gemeinhin als tödlich! – für Athlet:innen durchaus hilfreich sein kann, um zum Beispiel schnell Muskelmasse aufzubauen. Es gibt also Menschen, für die es ratsam wäre, sich nicht an die gesellschaftlichen Normen zu halten. Der Psychologe James Fadiman meint deshalb, dass wir individuell herausfinden müssen, was gut für uns ist. Als Beispiel erzählt er von einem Freund, der zweimal jährlich Ayahuasca zu sich nimmt, einen halluzinogenen Trunk der südamerikanischen Ureinwohner, der die psychoaktive Substanz DMT enthält. Da der Freund hierbei seine Verbundenheit mit dem Universum spürt, scheint es gut für ihn zu sein – obwohl jeder Hausarzt entsetzt von einem solchen Drogenkonsum abraten würde.

Chris Sacca hält ebenfalls wenig von allzu konformem Verhalten. Der Silicon-Valley-Investor steckte früh sein Geld in Unternehmen wie Twitter, Uber oder Instagram und hat einen grundsätzlichen Tipp für uns: Wollen wir im Start-up-Umfeld erfolgreich sein, müssen wir so viele Meetings wie möglich besuchen. So hat Sacca es selbst gemacht – er tauchte ohne Einladung auf diversen Firmen-Konferenzen auf und trug dabei seine inzwischen berühmt gewordene Cowboy-Kluft. Wurde er nach dem Grund seiner Anwesenheit gefragt, erklärte Sacca, dass er sich lediglich Notizen machen und möglichst viel lernen wolle. Dagegen hatte niemand etwas einzuwenden. Im Gegenteil: Der seltsame Cowboy wurde zu einem gern gesehenen Gast – und aufgrund seines enormen Insiderwissens später zu einem der erfolgreichsten Investoren seiner Zeit.

Maria Popova glaubt, dass jeder Mensch Prioritäten setzen muss. Es nutzt nichts, wenn wir zu allem immer nur Ja sagen. Warum sollen wir unsere Zeit in Projekte investieren, die von vornherein lieblos geplant und absehbar wenig erfolgreich sein werden? Warum höflich auf Online-Anfragen antworten, die schlampig und unprofessionell formuliert sind? Sehr oft, sagt Maria Popova, ist keine Antwort die beste Antwort. Oder wir machen es wie der berühmte Neurologe und Schriftsteller Oliver Sacks, der hinter seinem Schreibtisch einen Zettel mit nur einem einzigen Wort an der Wand hängen hatte: »NEIN!«

Wollen wir unsere persönlichen Vorlieben zum Erfolg führen, müssen wir uns zumindest zwischenzeitlich mit der Rolle des *Antihelden* zufriedengeben. Einer der berühmtesten Antihelden überhaupt ist wohl die Comicfigur des naiven Büroangestellten *Dilbert*. Sie stammt vom Zeichner und Autor Scott Adams, der uns dringend die Arbeit mit einem eigenen *System* ans Herz legt. Wir alle hegen Träume, wollen etwas Besonderes aus uns machen. Wenn sich der Erfolg jedoch nicht sofort einstellt, geben wir auf und gehen weiter täglich in das schreckliche Büro. Scott Adams nun schrieb lange Zeit nach Feierabend einen Blog – obwohl er damit keine zusätzlichen Einkünfte erzielte und zunächst kaum wahrgenommen wurde. Seine anfängliche Erfolglosigkeit entsprach also ganz der Rolle des klassischen Antihelden. Aber: Scott Adams schuf ein *System*. Seine Texte und Zeichnungen wurden immer besser, seine Fangemeinde wuchs stetig an. Seine fast schon ans Bockige grenzende Zielstrebigkeit begann sich auszuzahlen – und Adams wurde zu einem der berühmtesten Comiczeichner der Welt.

Es finden sich wirklich unzählige Beispiele in diesem kiloschweren Buch. Bei vielen Lebensgeschichten stellt sich die Frage, ob die darin enthaltenen Erfolgsgeschichten sich so einfach auf uns selbst übertragen lassen. Natürlich ist aber genau das der entscheidende Punkt der umfangreichen Sammlung. Wollen wir im Leben vorankommen, müssen wir unseren eigenen Weg finden. Wir müssen die eine schmale Strecke gehen, die zu uns selbst passt und zu niemandem sonst.

Lesbarkeit: 📖📖📖

Informationsgehalt: 📖📖📖📖

38

Bernhard Moestl

Die 13 Siegel der Macht. Von der Kunst der guten Führung

Sie möchten als Diktator ein Entwicklungsland führen? Oder als Chef einer populistischen Partei die Macht an sich reißen? Vielleicht auch nur die Zügel in Ihrer Ehe fest in den Griff bekommen? Dann haben wir hier das richtige Buch für Sie: *Die 13 Siegel der Macht* von Bernhard Moestl. Der Autor – der übrigens ausdrücklich vor dem Missbrauch der Macht warnt – legt in 13 Schritten dar, was es auf dem Weg zur Herrschaft zu beachten gilt:

1. *Siegel der Macht*
Macht ist nicht dasselbe wie Gewalt. Wer mit Gewalt über andere herrscht, wird schnell auf Widerstand stoßen. Ordnen andere sich uns hingegen freiwillig unter, haben wir wirklich Macht über sie. Denken wir an den Papst oder den Präsidenten der USA: Beide sind legitim an die Macht gekommen und erfreuen sich eben deshalb einer treuen Gefolgschaft.

2. *Siegel der Macht*
Fast alle Bürger folgen anstandslos den Anweisungen der Polizei – allein weil es sich um eine staatliche Behörde handelt. Einer Ärztin oder einem Arzt glauben wir, weil wir ein Medizinstudium voraussetzen und die Urkunde im Wartezimmer gesehen haben. Wollen wir selbst Macht ausüben, sollten wir bestehende Strukturen nutzen, statt umständlich eigene aufzubauen.

3. *Siegel der Macht*
Macht beruht auf Illusionen. Insbesondere Politiker:innen nutzen diesen Zusammenhang. Es ist darum eher unwahrscheinlich, dass wir je von einem »Kürzungspaket« hören werden. Viel eher wird das positiv besetzte »Sparpaket« verwandt – und schon stimmen die Wähler:innen der Sache zu.

4. *Siegel der Macht*
Wer als Retter auftritt, dessen Macht wird nicht angezweifelt. Ein wunderbares Beispiel bietet die kolumbianische Drogenmafia. Eigentlich möchte niemand mit Kriminellen zu tun haben. Die Mafia gab den Armen im Land jedoch Arbeit und baute Schulen für die Kinder. Seitdem sind Teile der Bevölkerung auf ihrer Seite – und der Kampf der Regierung gegen die Kartelle ist nicht einfacher geworden.

5. *Siegel der Macht*
Beachten wir die Menschen in unserem Umfeld, denn wir können uns nur dann an der Macht halten, wenn wir andere auf unserer Seite haben. Ein Beispiel sind die Medien: Kaum jemand hat längerfristig einen Einfluss in der Politik, wenn er von der Presse gänzlich ignoriert wird.

6. *Siegel der Macht*

Macht hat entscheidend mit Bewegung zu tun. Erfolgreiche Diktatoren erfreuen ihr Volk mit Militärparaden. Große Unternehmen bieten neue Produkte, um in die Schlagzeilen zu kommen. Solange wir den Takt vorgeben, haben wir Macht über andere.

7. *Siegel der Macht*

Sorgen wir für eine möglichst klare Kommunikation. Nur wenn wir verständliche Anweisungen geben, werden wir verstanden. Menschen – zum Beispiel unsere Mitarbeiter:innen – möchten allerdings auch gelobt werden, zum Beispiel von ihren Vorgesetzten. Halten wir uns daran, damit andere gern für uns arbeiten.

8. *Siegel der Macht*

Menschen brauchen Anerkennung. Allerdings muss diese Anerkennung ehrlich sein – unsere Heuchelei wird man schnell durchschauen. Zudem hat jeder Mensch Feinde. Und hat er keine Feinde, hat er zumindest Neider, die bald zu Feinden werden. Zollen wir auch diesen Menschen unsere ehrliche Anerkennung und ziehen sie so auf unsere Seite.

9. *Siegel der Macht*

Denken wir vorausschauend. Sobald wir an der Macht sind, wird uns niemand mehr aufhalten, wenn wir einen Fehler machen. Nehmen wir unsere Kritiker:innen deshalb ernst und hören wir auf das, was unsere Mitarbeiter:innen zu sagen haben.

10. *Siegel der Macht*
Wir müssen maßhalten mit der Macht. Verhalten wir uns allzu autoritär, wird unsere Macht zu bröckeln beginnen. Das hat damit zu tun, dass wir als autoritäte:r Chef:in auffällig werden und ins Gespräch kommen. Umgekehrt ist es dasselbe: Auch zu kumpelhaft und anbiedernd sollten wir nicht sein.

11. *Siegel der Macht*
Konzentrieren wir uns auf die wichtigen Dinge. Wir wollen schließlich unsere Vorhaben erledigen, nicht die der anderen. Wichtig ist, dass wir umsetzen, wofür wir uns entschieden haben. Fallen gelassene oder aufgeschobene Vorhaben kosten enorm viel Zeit.

12. *Siegel der Macht*
Macht hat eine Bedeutung. Andere Menschen sehen zu uns auf und erwarten, dass wir unserer Rolle entsprechen. Als Machtmensch können wir deshalb auf eine Tugend definitiv verzichten: Bescheidenheit.

13. *Siegel der Macht*
Einmal an der Macht, sollten wir unangreifbar sein. Am besten wir lassen uns gar nicht erst provozieren und vermeiden unnötige Kämpfe. Versuchen wir ein:e weise:r Herrscher:in zu sein und stets für Ausgleich zu sorgen.

Lesbarkeit: 📖 📖 📖

Informationsgehalt: 📖 📖 📖

39

Bodo Schäfer

Die Gesetze der Gewinner. Erfolg und ein erfülltes Leben

Zunächst lief es nicht gut für Bodo Schäfer. Im Alter von 26 Jahren steckte er bis zum Hals in Schulden, und wenn er es noch zu beruflichem Erfolg und einem erfüllten Leben bringen wollte, musste er sich etwas einfallen lassen. Das tat er auch: die »30 Gesetze der Gewinner«. Die 15 wichtigsten wollen wir uns ansehen.

1. *Triff Entscheidungen*
Gewinner:innen wissen: Es muss immer vorangehen. Selbst eine falsche Entscheidung ist besser als gar keine. Um unsere Entscheidungsfähigkeit zu trainieren, können wir im Restaurant zukünftig darauf verzichten, wie sonst eine halbe Stunde lang uninspiriert in der Karte zu blättern, und uns stattdessen prinzipiell nach 30 Sekunden entscheiden. Vielleicht serviert man uns etwas, was nicht ganz nach unserem Geschmack ist, aber ehrlich: Hängt es wirklich davon ab, ob der Abend insgesamt ein Erfolg wird?

2. *Lerne und wachse*

Bleiben wir nicht wie eine Muschel am Meeresboden kleben – fliegen wir wie der Adler zu neuen Horizonten! Wenn wir uns entwickeln wollen, sollten wir Menschen treffen, Kontakte knüpfen, Seminare besuchen, Bücher lesen, kurz: uns inspirieren lassen.

3. *Lebe profitorientiert*

Etwa 80 Prozent unseres Einkommens wird durch 20 Prozent unserer Tätigkeit erwirtschaftet. Zunächst sollten wir herausfinden, um welche Tätigkeiten es sich handelt. Anschließend konzentrieren wir uns für die Dauer eines Monats auf diese »Einkommen produzierenden Aktivitäten«. Je häufiger wir derartige Phasen einlegen, desto höher unsere Erfolgschancen.

4. *Gehe richtig mit Stress um*

Es gibt zwei Sorten von Stress. Der *positive Stress* zeigt uns an, dass wir auf dem Weg zum Erfolg vorankommen. Dieser Stress ist kontrollierbar. Der *negative Stress* hängt mit unserer Überarbeitung zusammen – die Tage sind zu kurz für das, was wir erledigen wollen. Deshalb müssen wir Prioritäten setzen. Wir können nicht gleichzeitig eine berufliche Mail schreiben und unsere Beziehungsprobleme klären. Wenn die Mail abgeschickt ist, entsteht Raum für die private Angelegenheit. Multitasking ist ineffizient.

5. *Erfinde das Rad nicht neu*

Es ist unwahrscheinlich, dass wir die Ersten sind, die sich mit einem bestimmten Problem beschäftigen. Wenn wir etwas Neues lernen wollen, sollten wir uns deshalb an den Profis und Expert:innen orientieren.

6. *Entwickle Momentum*

Zu Beginn einer Unternehmung bringen uns schon kleine Komplikationen aus dem Rhythmus. Später überwinden wir auch ernstzunehmende Hindernisse mit erstaunlicher Leichtigkeit. Wir können diese Dynamik verinnerlichen, um den Anfangsfrust zu bekämpfen.

7. *Lebe deinen Traum*

Gewinner:innen wissen: Es gibt immer einen Grund, die Verwirklichung unseres Traums aufzuschieben. Machen wir unseren Traum deshalb zu einer Lebensaufgabe, um die wir uns *immer* kümmern. So wie Einstein niemals von der physikalischen Theorie gelassen und Gandhi stets für den Frieden gekämpft hat.

8. *Lass dich von Ablehnung nicht entmutigen*

Kritik und Ablehnung machen uns nur dann klein, wenn wir sie nicht als Ansporn nutzen. Umso energischer wir ein Ziel verfolgen, desto mehr werden wir an uns und unseren Erfolg glauben.

9. *Gib 110 Prozent*

Es macht keinen Sinn, wenn wir etwas mit halber Kraft versuchen. Der Gedanke, etwas könnte lediglich ein Versuch sein, wird uns bremsen. Wollen wir unser Ziel wirklich erreichen, sollten wir ein Scheitern nicht in Betracht ziehen und uns mit einem Zwischenergebnis niemals zufriedengeben.

10. *Sei Chef:in und Angestellte:r in einer Person*

Viele spätere Gewinner:innen wagen den Schritt in die Freiberuflichkeit. Hier müssen wir wissen: Es gibt keine Vorgesetzten mehr, die uns kontrollieren. Wir sollten niemals *Geschäftigkeit* und *Produktivität* verwechseln. Wenn wir uns mit Nebensächlichkeiten aufhalten oder stundenlang im Internet surfen, werden wir unser Projekt nicht voranbringen.

11. *Wachse an deinen Problemen*
Niemand kommt ans Ziel, ohne Fehler zu machen. Wir können unsere temporären Misserfolge in einem *Erkenntnisjournal* notieren und uns vor Augen halten, was wir schon gelernt haben.

12. *Lass dich nicht ablenken*
Der Magen knurrt und in einer halben Stunde ist sowieso Mittagspause. Da könnten wir die Arbeit doch gleich sein lassen. Leider wird unsere To-do-Liste nur täglich länger, wenn wir uns auf derartige Ausreden einlassen. Ein einfacher Trick besteht darin, dass wir in unserem Terminplan zwei Stunden Puffer einberechnen. Sollte etwas Unvorhergesehenes passieren, können wir uns darum kümmern; läuft alles nach Plan, gewinnen wir zusätzlich Zeit.

13. *Gehe klug mit deinem Geld um*
Endlich verdienen wir mehr – aber nichts davon scheint auf unserem Konto anzukommen. Vermutlich erhöhen wir proportional zu unserer Gehaltsverbesserung auch unsere Ausgaben. Schlauer ist es, wenn wir unsere Freude im Zaun halten und unser Ziel mit der gewohnten Ruhe verfolgen.

14. *Errichte geduldig dein Fundament*
Etwa 10 Prozent unseres monatlichen Einkommens können wir auf ein Sparkonto überweisen. Kommt eine Gehaltserhöhung, überweisen wir 50 Prozent des zusätzlichen Geldes auf dieses Konto. Wir sind noch

unseren alten Finanzrahmen gewohnt und werden die Veränderung trotzdem als Luxus empfinden.

15. *Akzeptiere Unzufriedenheit als treibende Kraft*
Manchmal geht eben alles zu langsam. Wichtig ist, dass wir in diesen Momenten nicht frustriert aufgeben. Wir sollten uns mit anderen unzufriedenen, aber energievollen Menschen treffen und mit ihnen über unsere Pläne sprechen. Der gemeinsame Blick auf die Zukunft wird uns neuen Antrieb geben und uns erinnern, warum wir uns für unser Projekt entschieden haben.

Lesbarkeit: 📖📖📖
Informationsgehalt: 📖📖📖📖

40

Anthony Robbins

Das Robbins Power Prinzip. Befreie die innere Kraft

Man würde gern mit dem Rauchen aufhören. Man sollte wirklich regelmäßiger Sport treiben. Man nimmt sich zum 1. Januar vor, die guten Vorsätze endlich in die Tat umzusetzen, also: wirklich einmal länger bei der gesünderen Lebensführung zu bleiben. Und trotzdem ist spätestens zum Ende des Monats wieder alles beim Alten. Woran mag das liegen? Was können wir tun, um alle unsere Wünsche und Vorgaben endlich zu verwirklichen?

Ein Beispiel könnten wir uns an Soichiro Honda nehmen, dem Begründer der erfolgreichen Automarke. Schon als junger Mann entwickelte Honda einen neuartigen Kolbenring, den er an Toyota zu verkaufen versuchte. Sein Angebot wurde jedoch abgelehnt. Was tat Honda? Er ging zurück an den Zeichentisch, entwarf einen neuen Kolben, der diesmal tatsächlich bestellt wurde. Leider brach der Zweite Weltkrieg aus, und in Japan wurde der Beton rationiert. Honda konnte keine Fabrik bauen, um seinen Kolben herzustellen. Aber auch davon ließ er sich nicht aufhalten, sondern erfand eben eine eigene Formel zur Herstellung von Beton. Als nach dem Krieg das Benzin knapp wurde, montierte er kurzerhand einen kleinen Motor an sein Fahrrad. Viele Nachbarn wollten ebenfalls ein solches »Motorrad« – der Rest ist Geschichte.

Wollen wir nun mit dem Rauchen aufhören oder regelmäßig Sport treiben, müssen wir es machen wie Honda. Natürlich wird es immer wieder Rückschläge geben. Statt jedoch vorschnell aufzugeben, sollten wir uns überlegen, was wir aus unseren Fehlern lernen können. Haben wir deshalb mit dem Rauchen wieder angefangen, weil wir bei einem Glas Wein mit Freunden nicht widerstehen konnten, so bleiben wir beim nächsten Mal eben bei Mineralwasser.

Der amerikanische Bestsellerautor Anthony Robbins, besser bekannt als Tony Robbins, geht in seinem Buch *Das Robbins Power Prinzip* von einem einfachen Gedanken aus: Wenn wir unser Verhalten langfristig verbessern wollen, müssen wir unsere schlechten Gewohnheiten durch gute ersetzen. Das klingt einigermaßen trivial, ist aber wissenschaftlich belegt: Abhängige zum Beispiel werden oftmals rückfällig, wenn sie die Droge einfach ersatzlos aus ihrem Leben verbannen. Viel besser stehen die Chancen auf ein drogenfreies Leben für diejenigen, die sich mit dem Ende ihrer Sucht ein neues Hobby suchen oder eine Beziehung beginnen. Eine positive Neuprogrammierung kann uns also helfen, unsere Ziele zu erreichen.

Sobald wir unsere Vorstellung von uns selbst verändern, verändern wir uns tatsächlich. Ein Beispiel: Zwei Männer feiern ihren 60. Geburtstag. Der eine glaubt, das Beste liege hinter ihm; es warten nur noch Krankheit und Tod. Der andere freut sich voller Energie auf die kommenden

Jahre. Selbstverständlich sind unsere Chancen auf Erfolg größer, wenn wir unsere Aufgaben mit Schwung und Überzeugung angehen.

Das richtige Vokabular kann unsere Gefühle positiv beeinflussen. Wir sollten darauf achtgeben, welche Wörter wir verwenden – denn sie bestimmen unsere Gedanken. Wenn wir eine Reifenpanne haben, sollten wir nicht herausschreien, wie »ätzend« und »unerträglich« die Situation ist. Damit verderben wir unseren Mitfahrern und uns selbst die Laune. Besser formulieren wir, dass die Panne »ein bisschen ungelegen« komme, dann gerät die Situation in einen weniger negativen Kontext und wir stehen weniger unter Druck. Ein Trick ist, möglichst ausgefallene Formulierungen zu verwenden. Wenn wir sagen: »Das kotzt mich an«, hat das eine ganz andere Wucht, als wenn wir ironisch verkünden: »Das finde ich suboptimal.«

Wenn wir die richtigen Fragen stellen, finden wir schnell eine Lösung. Der innere Monolog unserer Gedanken besteht aus einer ewigen Folge von Fragen und Antworten. Wenn wir uns die falsche Frage stellen, werden wir selbstverständlich auch keine Antworten erhalten, die uns weiterbringen. *Warum habe ausgerechnet ich immer so ein Pech?* – Diese Art der Grübelei versetzt uns garantiert in eine miese Stimmung. *Was kann ich tun, um meine Probleme zu lösen? Was sind die Vorteile der Situation?* – Diese Fragen hingegen werden unsere Laune aufhellen. Es besteht die Chance, dass wir mit Energie durch den Tag kommen. Und das wiederum erhöht die Wahrscheinlichkeit, dass wir umsetzen können, was wir uns vorgenommen haben.

Haben wir einmal gelernt, unsere negativen Gefühle zu kontrollieren, können wir auch anderen dabei helfen, zufriedener zu leben. Ein Lächeln im Supermarkt, ein Kompliment in der Straßenbahn – nicht nur uns selbst können wir verbessern, wir können auch die Welt zu einem besseren Ort machen.

Lesbarkeit: 📖📖📖

Informationsgehalt: 📖📖📖📖

41

Stephen R. Covey

Die 7 Wege zur Effektivität. Prinzipien für persönlichen und beruflichen Erfolg

Stephen R. Covey gibt uns keine eng gefassten Tipps, denen wir blind folgen können. Eher schon will der Autor uns zu einem Lernprozess anregen, an dessen Ende wir zu besseren Menschen werden. Wollen wir im Leben erfolgreich sein – im Beruf, im Umgang mit anderen –, dann sollten wir uns an die Prinzipien halten, an denen sich die meisten Menschen orientieren: Gerechtigkeit, Ehrlichkeit, Integrität. Allesamt positive und optimistische Werte, und entsprechend rät uns Covey, dass wir zu optimistischen und positiven Persönlichkeiten werden. Letztlich geht es also darum, dass wir im Einklang mit uns selbst und anderen leben und darüber unsere Ziele erreichen. Und wie gelingt uns das? Ganz genau: Wir gehen die *7 Wege der Effektivität.*

Erster Weg: Proaktiv statt reaktiv

Der Wiener Psychologe Viktor Frankl wurde von den Nazis in das Konzentrationslager Dachau verschleppt. Statt in seiner grausamen Situation zu verzweifeln, besann sich Frankl auf seine innere Freiheit:

Er versetzte sich in glückliche Lebensmomente, dachte beispielsweise daran, wie er wieder an der Universität bei seinen Studenten wäre. Nicht nur für sich selbst, sondern auch für seine Mitgefangenen war Frankl eine Inspiration. Statt in einer Depression zu versinken, handelte er nach dem Prinzip der Proaktivität: Der Mensch hat die Freiheit, selbst zu entscheiden, wie sich die äußeren Umstände auf sein Inneres auswirken.

Zweiter Weg: Wissen, wo es hingehen soll

Stellen wir uns vor, wir würden auf unserer eigenen Beerdigung an unserem Sarg stehen. Was sollen die anderen über unser Leben sagen? Was für ein Mensch wollen wir sein? Um in unserem Leben nicht lediglich zur Erfüllung eines Pflichtgefühls tätig zu werden, sollten wir herausfinden, was uns wirklich am Herzen liegt. Wenn wir zum Beispiel wissen, dass für uns Familie *und* Beruf wichtig sind, können wir unsere Zeit zwischen beidem aufteilen. Wollen wir eine gerechte Gesellschaft, werden wir uns vor allem politisch engagieren und andere Dinge zurückstellen. Es geht darum, dass wir unser Zentrum finden.

Dritter Weg: Das Wichtigste zuerst

Grundsätzlich lassen sich vier Faktoren ausmachen, die eine Tätigkeit bestimmen: dringend, nicht dringend, wichtig, unwichtig. Arbeiten wir alles auf, was dringend ist, aber uns nicht wichtig erscheint, fühlen wir uns anschließend immer noch unzufrieden und leer. Erledigen wir alles, was dringend *und* wichtig ist – Telefonkonferenzen, Geschäftsessen –, leben wir nach dem Terminkalender anderer Menschen. Optimal wäre es, wenn wir tun könnten, was wichtig, aber nicht dringend ist. Auf die Tätigkeiten, die diesen beiden Faktoren entsprechen, sollten wir uns konzentrieren.

Vierter Weg: Das Win-win-Prinzip

Das menschliche Miteinander sollte immer auf eine Win-win-Situation hinauslaufen. Eine Beziehung oder ein Geschäft sind nur dann wirklich ein Erfolg, wenn beide Seiten damit zufrieden sind. Um das zu erreichen, sollten wir so lange miteinander sprechen, bis eine Lösung gefunden ist. Dabei hilft es, wenn andere uns vertrauen können:

- weil wir Verständnis für das aufbringen, was ihnen wichtig ist,
- weil wir uns an unsere Verpflichtungen halten und an alles, was wir besprochen haben,
- weil wir unsere eigenen Erwartungen offen kommunizieren,
- weil wir ehrlich und loyal sind, auch in Abwesenheit der anderen,
- weil wir uns entschuldigen und zugeben, wenn wir einen Fehler gemacht haben.

Fünfter Weg: Kommunikation, aber mit Offenheit

Ein Vater glaubt zu wissen, was in seinem Sohn vorgeht, und wirft ihm vor, dass er ihm nie zuhört und sie einander allein deshalb nicht verstehen. Tatsächlich funktioniert es genau umgekehrt: Wir müssen einander zuhören, ohne vermeintlich vorab schon zu wissen, was wir hören werden. Wenn wir in einer Kommunikation wirklich offen sind, vermeiden wir viele Probleme – ob in der Schule oder dem Beruf, in der Ehe oder in Freundschaften.

Sechster Weg: Synergien schaffen

Wenn wir die Unterschiede zwischen uns und anderen zu schätzen lernen, können wir neue und interessante Wege einschlagen. Wir wachsen aneinander, potenzieren unsere Kräfte. Negative Energien wie Konkurrenzkampf und festgefahrene Gewohnheiten treten in den Hintergrund. Positive Aspekte unseres Charakters werden hingegen verstärkt. Wir werden großzügiger, liebevoller, weniger kontrollsüchtig.

Siebter Weg: Die Säge schärfen

Ein Waldarbeiter fällt einen Baum nach dem anderen und vergisst vor lauter Arbeitseifer, seine Säge zu schärfen. Irgendwann ist das Gerät stumpf, er kommt nicht mehr voran. Schärfen wir also unser Werkzeug, indem wir uns auf vier Ebenen erneuern:

- *körperlich*: Wir nehmen uns Zeit für Entspannung und Sport.
- *spirituell*: Wir gehen in die Natur, meditieren, denken über unsere Vorsätze und Werte nach.
- *mental*: Wir lesen gute Bücher, schreiben Tagebuch, suchen uns interessante Gesprächspartner.
- *sozial und emotional*: Wir versuchen positive Beziehungen aufzubauen und das Leben anderer Menschen zu bereichern.

Lesbarkeit: 🕮🕮🕮🕮
Informationsgehalt: 🕮🕮🕮🕮

42

Mark Manson

Die subtile Kunst des darauf Scheißens

Kein Verpackungsschwindel. Wer dieses Buch liest, bekommt genau das, was der Titel verspricht. Handfeste Tipps, knackig serviert. Es geht um die einfache Formel: Wer sich auf die richtigen Dinge im Leben konzentriert, hat weniger Stress. Mark Manson betreibt unter www.markmanson.net seit einigen Jahren einen Blog, der von mehreren Millionen Menschen gelesen wird. Und eines muss man ihm lassen: Er bringt ohne Pathos und Schnörkel auf den Punkt, wofür andere Leute gleich eine neue Religion ausrufen. Man höre und staune – fast alles im Leben lässt sich mit ein paar bodenständigen Statistiken und ruhigem Nachdenken lösen.

Kennt jemand Dave Mustaine? Nun, der gute Mann wurde 1983 als Gitarrist gefeuert, kurz bevor seiner Band der Durchbruch gelang. Mustaine war mehr als geknickt, übte zwei Jahre wie besessen auf seinem Instrument und gründete eine neue Band: Megadeath. Die Gruppe verkaufte immerhin 25 Millionen Schallplatten, trotzdem war Mustaine noch nicht glücklich. Warum nicht? Weil er seinen Erfolg mit dem seiner vorherigen Band verglich. Und diese Band war nun leider Metallica – eine der weltweit erfolgreichsten Bands überhaupt. Da Mustaine seinen Erfolg in Relation zu ausgerechnet diesen Überfliegern stellte, kam er sich wie ein Versager vor, obwohl er eigentlich so viel erreicht hatte. Mustaine hatte also ein Problem mit seinem inneren Wertesystem. Sein Glück war abhängig von dem, was andere Leute taten. Das ist immer schlecht.

Schlauer stellte es dagegen Pete Best an. Auch er war Musiker, auch er wurde aus seiner Band geworfen. In seinem Fall waren es die Beatles, die anschließend zur erfolgreichsten Band aller Zeiten aufsteigen sollten. Aber Pete Best überwand seinen anfänglichen Frust und Neid, weil er herausfand, dass er im Grunde gar kein Rock 'n' Roller, sondern eher ein häuslicher Familientyp war. Statt sich vom Neid auf den Erfolg der anderen auffressen zu lassen, setzte er auf innere Werte, die seiner Persönlichkeit entsprachen.

Um ein wenig Glück im Leben zu finden, gibt es grundsätzlich gute und weniger gute Werte, an denen wir uns orientieren können. Genuss zum Beispiel ist eine eher zweifelhafte Priorität im Leben. Zu viel Genuss ist selten gesund; man denke an Drogenkonsument:innen oder maßlos Verfressene. Auch das Streben nach materiellem Wohlstand ist ein schlechter Wert. Es hat sich in verschiedenen Studien nachweisen lassen, dass, sobald die Grundbedürfnisse einmal befriedigt sind, der zusätzliche Besitz nicht weiter zum persönlichen Glück beiträgt.

Was aber sind gute Werte? Dafür hält der Autor eine einfache Formel bereit. Gute Werte sollten:

- mit der Realität vereinbar sein,
- die Gesellschaft voranbringen,
- und einen sofortigen, aber kontrollierbaren Effekt haben.

Nehmen wir die Ehrlichkeit. Ehrlichkeit ist kontrollierbar, da man selbst entscheidet, ob man ehrlich sein möchte oder nicht. Ehrlichkeit bedeutet, dass man sich anderen gegenüber aufrichtig verhält, sodass auch ein positiver Effekt für die Gesellschaft entsteht. Und die Ehrlichkeit findet in der Begegnung mit anderen statt, also in der Realität. Andere positive Werte zum Beispiel wären Kreativität, Großzügigkeit oder Bescheidenheit.

Viele Menschen vermeiden alles im Leben, was ihre Identität infrage stellt. Das Jobangebot, das eigentlich eine gute Chance ist, für das wir gleichzeitig aber unsere derzeitige Stelle aufgeben müssten. Der Schriftsteller, der seit Jahren heimlich für die Schublade schreibt und niemals etwas herausgibt – aus Angst, er würde abgelehnt und dürfte sich nicht länger als Schriftsteller fühlen. Selbstverständlich sind derartige Vermeidungsstrategien wenig sinnvoll – der neue Job könnte uns tatsächlich weiterbringen, der Schubladenroman ein großer Erfolg werden. Um die übertriebene Vorsicht zu überwinden, könnten wir ein bisschen vom Buddhismus lernen. Alle unsere Selbstetikettierungen (»Ich bin Schriftsteller«) sind nämlich nur mentale Konstrukte. Identität als solche ist lediglich eine Illusion. Denken wir an Pete Best: Solange er sich für einen Rock 'n' Roller hielt, war er unglücklich. Er konnte sich jedoch von der vermeintlichen Identität befreien und zufrieden als Familienvater weiterleben.

Eine enorme Spaßbremse für uns alle ist natürlich der Tod. Das Problem hängt damit zusammen, dass wir als Menschen in der Lage sind, über den Moment unseres Ablebens hinauszudenken. Die Welt wird weiter existieren, und wie gern würden wir etwas hinterlassen: einen Eindruck, ein Erbe, unseren Ruhm. Wir wären am liebsten unsterblich. Für die Gesellschaft hat dieses Streben nach Unsterblichkeit nicht nur Gutes. Was viele Herren und einige Damen nicht schon angestellt haben, um in der Nachwelt von sich reden zu machen. Es wurden Kriege geführt und ganze Nationen ausgebeutet. Dabei ist die Lösung so einfach: Scheiß auf die Unsterblichkeit! Wir sollten unser Glück in der Gegenwart suchen und Liebe und Entspanntheit verbreiten, wo immer wir gerade sind. Es wäre besser für uns selbst und für alle anderen.

Lesbarkeit: 📖📖📖

Informationsgehalt: 📖📖📖

43

Tom Rath

Entwickle deine Stärken. Mit dem StrengthsFinder 2.0

Die meisten Ratgeber beschäftigen sich damit, dass wir uns verbessern sollen. Wir sollen uns mit unseren Schwächen beschäftigen und damit, wie sie sich überwinden lassen. Wer raucht, sollte damit aufhören. Wer kein Selbstbewusstsein hat, sollte sich eines anschaffen. Genau umgekehrt funktioniert das Buch von Tom Rath: Der Autor empfiehlt, dass wir uns auf unsere Stärken konzentrieren und dort voranzukommen versuchen, wo es uns leichtfällt.

Fragt sich natürlich, welche unterschiedlichen Charaktertypen es gibt und worin deren Stärken liegen. Tom Rath bietet in seinem pragmatisch ausgerichteten Buch verschiedene Kategorien an, in denen wir uns wiederfinden können.

Das Arbeitstier. Menschen dieses Typs haben vor allem eine Stärke: ihre Leistungsfähigkeit. Das Arbeitstier steht am Morgen auf und würde am liebsten schon vor dem Frühstück sämtliche Punkte der tagesaktuellen

Erledigungsliste abhaken. Fährt das Arbeitstier in den Urlaub, wird es garantiert sämtliche Freizeitangebote im Hotel buchen und ganz nebenher die Landessprache lernen. Wer zu dieser Kategorie Mensch gehört, sollte achtgeben, sich und andere nicht zu überfordern. Es kann sinnvoll und gesund sein, wenn wir zumindest vorübergehend mit dem Erreichten zufrieden sind. Vielen chronischen Arbeitstieren hilft es, mit einem Punktesystem zu arbeiten. Sind die 100 Punkte des Tages erreicht, wird es Zeit für ein bisschen Entspannung.

Der Überzeugungstäter. Die Stärke dieser Menschen liegt in ihrer Überzeugungskraft. Sie sind begeistert von ihren Projekten und können bei der Umsetzung enorme Energie entwickeln. Passt allerdings die Aufgabe nicht zur Überzeugung, werden diese Menschen schwerlich zu motivieren sein. Ein tiefgläubiger Mann kann ein großartiger Pfarrer werden. Ein eingefleischter Pazifist wird als Verkäufer in der Rüstungsindustrie hingegen wenig erfolgreich sein. Ein Überzeugungstäter-Mensch stellt sich am besten eine:n Partner:in an die Seite – zum Beispiel:

Das Zugpferd. Personen dieser Gruppe sind außerordentlich zukunftsorientiert. Wir erkennen das Zugpferd an seinen Lieblingssätzen: »Wäre es nicht total super, wenn wir …« – »Hey, hast du schon mal darüber nachgedacht, wie es wäre …« Zugpferde überlegen ununterbrochen, wie sich die Welt verbessern ließe. Sie sind Träumer:innen, die andere mit ihrer Begeisterung anstecken. Deshalb bilden sie ein gutes Team mit den Überzeugungstätern, die allein manchmal etwas verstockt wirken können.

Der wissbegierige Mensch. Interessengebiet: alles. Kauft dieser Charaktertyp ein neues Handy, wird er es zuerst auseinanderbauen, um die

Funktionsweise des Geräts bis ins letzte Schräubchen zu verstehen. Wissbegierige Menschen lernen Fremdsprachen, komplizierte Sportarten und bringen sich das Programmieren bei. Sie sind zufrieden, solange etwas Neues passiert. Der Berufstipp ist klar: Berater:in. Denn diese Menschen arbeiten sich in jede Situation und Lebenslage ein und erkennen, was sich noch verbessern ließe.

Das Alpha-Tier. Die Stärke dieser Menschen liegt in der Autorität, die sie ausstrahlen. Das Alpha-Tier übernimmt in jeder Gruppe schnell die Führung und kann andere von seinen Ansichten überzeugen. Allerdings ist Vorsicht geboten. Wer zu viel Druck auf seine Mitmenschen ausübt, verliert schnell die Sympathien der Gruppe. Auf der Plusseite ist das Alpha-Tier sehr ehrlich und authentisch. Autoritäre Menschen haben eben kein Problem damit, ihre Meinung zu sagen.

Das Rudel-Tier. Gewissermaßen das kuschelige Gegenstück zum Alpha-Tier. Die Stärke des Rudel-Tiers liegt in seinem Harmoniebedürfnis. Es möchte sich in einer friedlichen und spannungsfreien Umgebung bewegen, weshalb es andere zusammenführen und gemeinsame Ideen erarbeiten kann, ohne einen Streit vom Zaun zu brechen. Ein Tipp für Menschen dieser Kategorie: stets die Situation im Auge behalten! Wenn das Haus in Flammen steht, ist nicht der richtige Moment, um bei einem Glas Tee über die Gefühle aller Anwesenden zu sprechen.

Der Stratege. Personen mit diesen Charaktermerkmalen sind analytisch und maximal zielorientiert. Sie wissen, welcher Weg zum Erfolg führt, und verstehen nicht, warum eine andere Route gewählt werden sollte. Strategen sollten grundsätzlich ein wenig Rücksicht auf ihre Mitmenschen nehmen – die vielleicht eigene Gedanken umsetzen und eigene Lösungswege probieren wollen. Allerdings: Strategen haben am Ende oftmals einfach recht.

Lesbarkeit: 📖📖📖📖
Anwendbarkeit: 📖📖📖📖

44

Dan Ariely

Denken hilft zwar, nützt aber nichts. Warum wir immer wieder unvernünftige Entscheidungen treffen

Wir alle kennen das berühmte Experiment des Verhaltensforschers Konrad Lorenz. Ein Gänseküken schlüpft aus dem Ei, erblickt zuerst den österreichischen Wissenschaftler, und als Lorenz das Kleine zur Muttergans bringt und sich abwenden will, quiekt es entsetzt auf und läuft ihm nach. Das Küken ist auf die menschliche »Mutter« geprägt worden und weicht dem Forscher nicht mehr von der Seite. So irrational funktioniert das Tier. Und wir Menschen, erfahren wir von Dan Ariely, sind keinen Deut besser.

In einem Experiment wurden Studierende dazu aufgefordert, ihre Sozialversicherungsnummer aufzuschreiben. Anschließend sollten sie ihr Gebot für ein bestimmtes Produkt abgeben. Erstaunlicherweise waren die Studierenden mit der höheren Sozialversicherungsnummer eher bereit, eine hohe Summe zu zahlen – offenbar weil sie ohne jeden ersichtlichen Zusammenhang von der Zahl auf ihrem Ausweis beeinflusst waren. Wir Menschen meinen nun stets, dass unsere Entscheidungen allein von unseren Wertvorstellungen und unserem Qualitätsbewusstsein abhingen. Tatsächlich sind wir aber – so wie die Gänseküken – nur verzweifelt auf der Suche nach dem nächstbesten *Anker*. Wir vergleichen mit greifbaren Bezugswerten, ob das nun Sinn macht oder nicht.

Für hirnverbrannte Entscheidungen dieser Art liefert Dan Ariely in seinem Buch unzählige Beispiele. Studierende sollten sich zwischen einer Schweizer Luxuspraline und einer Supermarktschokolade entscheiden. Die Praline war für 15 Cent im Angebot, die Supermarktware kostete 1 Cent, weshalb die meisten sich für die Praline entschieden. Anschließend wurde die feine Süßigkeit noch einen weiteren Cent herabgesetzt – und die Durchschnittsschokolade verschenkt. Daraufhin verzichtete die Mehrheit auf die Praline, obwohl sie noch einmal günstiger war. Die Null im Preis für die Durchschnittsschokolade war einfach unwiderstehlich. Marketingpsychologen nutzen diesen Kniff (»Die Hälfte gratis!«) und unser reflexhaftes Verhalten, um uns ständig Dinge kaufen zu lassen, die wir gar nicht benötigen.

Vollkommen außer Kontrolle gerät der Mensch – vor allem die Herren der Schöpfung –, wenn es um Lust und Leidenschaft geht. Ein Experiment unter Universitätsstudenten ergab, dass Männer Fragen zu ihrem sexuellen Verhalten im Zustand der Erregung deutlich anders beantworteten als unter neutralen Umständen. Während der Masturbation konnten die Probanden sich vorstellen, kein Kondom zu benutzen oder eine Frau mit Alkohol gefügig zu machen, selbst Sex mit Tieren wurde nicht ausgeschlossen. Leider sind wir uns dieses triebgesteuerten Verhaltens nicht bewusst – was auch der Grund ist, warum man pubertierenden Jugendlichen still ein Kondom in die Hand drücken sollte, statt lange mit ihnen über Enthaltsamkeit zu diskutieren.

Ähnlich funktioniert es mit den Dingen, die wir uns vorgenommen haben. Eine Diät brechen wir ab, weil wir das langfristige Ziel angesichts eines Stücks Erdbeertorte sofort aus den Augen verlieren. Abends auf dem Sofa scheint es uns unvorstellbar, dass wir vorhin noch im Regen durch den Park joggen wollten. Um den inneren Schweinehund zu überwinden, sollten wir unsere Disziplinlosigkeit deshalb von vornherein einplanen. Wir können uns mit Freunden fest zum Sport verabreden, um nicht ganz so leicht von unserem Vorhaben zurücktreten zu können. Und eine Kreditkarte mit entsprechendem Ausgabelimit kann uns vor üblen Impulskäufen retten, wenn wir doch eigentlich sparsamer leben wollten.

Auch andere machen sich unser irrationales Verhalten zunutze. Beispielsweise haben Dinge, die wir einmal besitzen, für uns einen besonderen Wert – weshalb wir sie nur ungern wieder aus der Hand geben. Für viele Unternehmen sind Testangebote und 30-Tage-Rückgabegarantien deshalb ein gutes Geschäft. Unser Besitzdenken hält uns meist davon ab, diese Angebote tatsächlich auch in Anspruch zu nehmen. Uns treibt eine Verlustangst, aus der heraus wir Kinder lange Jahre zum Geigenunterricht schicken, obwohl sie ganz offensichtlich kein Interesse an dem Instrument haben. Schließlich geht Kevin schon so lange zum Unterricht! Es wird doch etwas verloren gehen, wenn er die Geige jetzt aufgibt! Ganz genau das ist aber die Erkenntnis: Wenn wir glücklich werden wollen, dürfen wir keine Angst davor haben, einige Türen im Leben zu schließen. Denn wenn wir die großen Entscheidungen stets verweigern, wird auch das Konsequenzen haben:

Eine Person, die sich für Architektur *und* Informatik interessiert, aber keinen Berufsweg endgültig einschlägt, wird bestenfalls ein:e mittelmäßige:r Programmierer:in oder Architekt:in werden. Wie immer geht es darum, dass wir herausfinden, was wir wirklich wollen. Nur dafür lohnen sich die endgültigen Entscheidungen, die wir gegen unsere irrationalen Veranlagungen verteidigen können.

Lesbarkeit: 📖📖📖📖
Informationsgehalt: 📖📖📖

45

Daniel Coyle

Erfolg braucht kein Talent. Der Schlüssel zu Höchstleistungen in jedem Bereich

Der Typ ist nicht wirklich sympathisch, oder? Ständig wälzt er sich am Boden, obwohl die Aktion kein Foul war. Dann die Frisur – muss es denn jeden Sonntag ein neuer Schnitt sein? Und die ewigen Diskussionen mit dem Schiedsrichter! Wobei man natürlich zugeben muss, dass Neymar, wie so viele Brasilianer:innen, wunderbar Fußball spielt. Stellt sich die Frage, warum eigentlich so viele Kicker aus dem Land so überdurchschnittlich talentiert sind? Liegt den Brasilianer:innen das Fußballspielen in den Genen? Und gibt es das überhaupt – ein Fußball-Gen? Aus wissenschaftlicher Sicht klingt das eher unsinnig, nach einer Geschichte, die wir uns aus blankem Neid bloß einreden. Die Schöpfung ist ungerecht, Neymar ist mit seinem Talent übervorteilt worden, wir könnten nichts dafür, dass der Schnösel die Champions League gewinnt, während wir noch immer faul auf dem Sofa liegen. Hätte er sich sein ganzes Können hingegen selbst antrainiert, würde das ja bedeuten, dass wir auf unserem Sofa, während der fleißige Neymar … nein, das möchte man lieber nicht in Betracht ziehen.

Genauer angesehen hat sich die Sache Daniel Coyle. Wie er in seinem Buch zunächst erklärt, wird alles, was wir tun, von unserem Gehirn gesteuert. Ob wir Fußball spielen wie ein brasilianischer Gott oder eine Mulde in unser Sofa liegen und bestenfalls den Zeigefinger auf die Fernbedienung senken – es müssen immer erst unsere Nervenzellen miteinander kommunizieren. Das geschieht, indem elektrische Impulse von einem Körperareal zum nächsten geleitet werden, und für diesen Vorgang wiederum ist eine aus Fett bestehende Biomembran wichtig, die sich Myelin nennt. Dieses Myelin fungiert zum einen als Fahrbahnbegrenzung, zwischen der die elektrischen Impulse auf ihrem Weg durch die Nervenzellen in der Spur gehalten werden, zum anderen ist der Umfang der Myelin-Schicht dafür verantwortlich, wie schnell und wie präzise die Informationen aus unserem Gehirn ans Ziel kommen. Man könnte sagen: Je mehr Myelin-Schmiere sich um die zugehörigen Nervenbahnen gelegt hat, desto geschickter können wir Fußball spielen, desto schneller begreifen wir einen komplizierten Zusammenhang, desto deutlicher erreicht uns ein Glücksgefühl. Es geht, so Daniel Coyle, im Leben gar nicht um Talent. Sondern darum, dass wir unsere Myelin-Produktion ankurbeln.

Jede Tätigkeit spricht bestimmte Nervenzellen an. Wollen wir als Konzertpianist:in Karriere machen, hilft es wenig, wenn wir täglich den Flohwalzer spielen. Wir müssen unser Klavierspiel voranbringen, neue Reize setzen, denn das wird das Wachstum unserer Myelin-Schicht anregen. Besonders effektiv sind Fehler, die uns zunächst ständig unterlaufen und die wir dann zu vermeiden lernen. Es ist genau dieser mühsame Lernvorgang, der die Fettmembran um unsere Nervenzellen stärkt.

Um nun unser Talent in einer Sache zu entwickeln, braucht es drei Zutaten: eine *Initialzündung*, *aktives Lernen* und einen *Master Coach:*

- Die *Initialzündung* ist ein Erlebnis, das uns nachhaltig für eine Sache begeistert. Viele Musiker:innen erzählen von dem Moment, in dem sie zum ersten Mal im Radio ein paar Takte Rockmusik gehört oder bei einem Live-Konzert eine:n andere:n Musiker:in erlebt haben.
- Das *aktive Lernen* begünstigt das Myelin-Wachstum. In Brasilien zum Beispiel ist eine Fußballvariante namens Futsal weit verbreitet: Das Spiel wird auf einem kleinen Feld mit Mannschaften aus lediglich fünf Spieler:innen und zudem mit einem kleinen und schweren Ball gespielt. Futsal erfordert geradezu artistische Geschicklichkeit, was den Spieler:innen später auf dem großen Fußballfeld zugutekommt: Der Ball ist nun vergleichsweise leicht zu kontrollieren.
- Der *Master Coach* ist in der Lage, auf die Bedürfnisse jede:r Schüler:in einzugehen. Er kann die Initialzündung in uns auslösen, weil wir seine eigenen Fähigkeiten bewundern; er motiviert uns zum aktiven Lernen, weil er weiß, wann wir auf unserem Weg für die nächste Herausforderung bereit sind.

Die schlechte Nachricht ist, dass wir mit unserem Neid auf Neymar wohl werden leben müssen. Das große Talent ist nicht vom Himmel gefallen, sondern er hat es sich mühsam aneignen müssen. Die gute Nachricht ist allerdings, dass wir uns ebenfalls vom Sofa erheben und unser Leben in die Hand nehmen können. Oder wie Daniel Coyle sagen würde: Es ist an der Zeit, ein bisschen Myelin-Fett um unsere Nervenzellen zu legen.

Lesbarkeit: 📖📖📖📖
Informationsgehalt: 📖📖📖📖

46

Rolf Dobelli

Die Kunst des klaren Denkens. 52 Denkfehler, die Sie besser anderen überlassen

Dieses Buch hat etwas zu bieten, das wir in vielen esoterischen Wünsch-dir-was-vom-Universum-Ratgebern schmerzlich vermissen: gesunden Menschenverstand. In *Die Kunst des klaren Denkens* sind 52 Kolumnen versammelt, die Rolf Dobelli zuerst in der *Frankfurter Allgemeinen Zeitung* und in der *SonntagsZeitung* veröffentlichte. Es geht um aktuelle wissenschaftliche Erkenntnisse, um unsere größten Denkfehler und darum, wie wir unser Hirn sinnvollerweise so nutzen können, dass wir ein wenig geschmeidiger durchs Leben kommen. Und das Schönste: Dobelli klingt dabei nicht wie ein halb durchgeknallter Guru, sondern wie ein normaler Mensch, der gelegentlich auch über sich selbst lachen kann.

Die menschliche Zivilisation, wie wir sie heute kennen, besteht seit etwa 10 000 Jahren. Die vorhergehende Epoche der Jäger und Sammler, die wir gemeinhin als Steinzeit bezeichnen, dauerte hingegen ein Vielfaches dieser Zeitspanne. Kein Wunder also, dass unsere Gehirne noch immer von den damaligen Lebensumständen geprägt sind. Auch heute reagieren wir oftmals intuitiv und angstgesteuert, also ohne groß nachzudenken. Sonderlich angemessen ist dieses Verhalten in unserer modernen und hochkomplexen Welt allerdings nicht, da wir ja nur höchst selten noch vor einem Mammut flüchten müssen …

Naheliegend wäre es also, wenn wir unser Denken ein wenig rationaler gestalten würden. Mit unserem Gehirn ist es dabei ganz ähnlich wie mit einem Musikinstrument: Wer übt, wird besser. Wollen wir unser Training auf eine solide Basis stellen, sollten wir zuallererst unsere gröbsten Fehleinschätzungen erkennen – um sie dann langfristig korrigieren zu können. Weit verbreitet zum Beispiel ist der *Survivorship Bias:* Wir neigen dazu, einen Vorgang von seinem optimalen, aber unwahrscheinlichen Ergebnis her zu betrachten. Unzählige Menschen etwa sitzen abends zu Hause und schreiben an einer verrückten, einer romantischen oder einer mit detektivischer Finesse durchklügelten Geschichte. Sie träumen davon, ein Buch zu veröffentlichen und als Schriftsteller:in Karriere zu machen. Dabei vergessen sie, dass der große finanzielle Erfolg sehr, sehr wenigen literarischen Überfliegern vorbehalten ist. Wie viele Romanentwürfe nach jahrelanger quälender Arbeit unvollendet in der Schublade versauern! Wie unendlich viele Manuskripte von den Verlagshäusern abgelehnt oder nicht einmal gelesen werden! Würden wir unsere Chancen realistisch überdenken, wäre unsere Schreibbegeisterung womöglich schnell verflogen.

Ein ebenfalls sehr verbreiteter Irrtum – der von der Werbung schamlos ausgenutzt wird – ist die *Swimmer's Body Illusion.* Die Profischwimmer:innen bei den Olympischen Spielen sehen so wunderbar muskulös und trainiert aus. Könnten wir nicht auch gelegentlich ins Schwimmbad gehen und dann einen solchen Körper bekommen? Und das Modell mit dem kastanienbraunen Haar in der Werbung? Sollten wir nicht dasselbe Shampoo benutzen? Nein, das sollten wir nicht. Es würde uns einfach nichts nutzen. Die Schwimmer:innen waren von vornherein athletisch veranlagt und sind nur deshalb so erfolgreich. Die Frau in der Werbung hatte schöne Haare und ist genau deshalb als Model gescoutet worden. Normalsterbliche wie wir haben dünnes Haar und einen bestenfalls durchschnittlichen Körper. Wir werden auch mit dem besten Shampoo und dem härtesten Training nicht als Model im Fernsehen oder als Teilnehmer bei Olympia landen.

Sehr beliebt ist des Weiteren der *Authority Bias*. Ohne selbst das Hirn einzuschalten glauben wir alles, was uns die Fachleute im Fernsehen erzählen. Dabei vergessen wir, dass wir es mit einer persönlichen Expertenmeinung zu tun haben, die für das Publikum möglichst vereinfacht formuliert wird und niemals die Komplexität unserer Welt widerspiegelt. In der Steinzeit mag es Sinn gemacht haben, auf jeden Schlauberger zu hören, der eine Gefahr erkannt zu haben meinte. Heute fördert eine derartige Gutgläubigkeit eher Medienhype und Hysterie.

Eine Variante dieser Vereinfachung ist der *Availability Bias*: Wir können immer nur mit den Informationen arbeiten, die uns zur Verfügung gestellt werden. Den Rest blenden wir aus – und halten einen Teil der Wirklichkeit für die ganze Wahrheit. Ein naher Verwandter dieses Irrtums ist die *Conjunction Fallacy*. Wir verbinden oftmals vollkommen unabhängige Details zu einer stimmigen Einheit, auch wenn wir den tatsächlichen Zusammenhang damit aus den Augen verlieren. Zum Beispiel: Eine Person zupft sich die Augenbrauen. Was ist wahrscheinlicher – dass es sich um *jemanden* mit der Blutgruppe A handelt oder um *eine Frau* mit der Blutgruppe A? Die meisten würden sich für die Frau entscheiden, da das Augenbrauenzupfen dem Klischee entsprechend eine weibliche Tätigkeit ist. Logischerweise ist die Wahrscheinlichkeit aber größer, wenn *alle* Träger der Blutgruppe A gezählt werden, Männer *und* Frauen.

Und so zeigt Dobelli uns in seinem Buch etliche Beispiele, anhand derer wir den Blick auf uns selbst schärfen können. Gelungen ist ihm damit ein besonderes und zugleich naheliegendes Buch zur Selbstoptimierung. Starren wir nicht hoffnungsvoll in das Dunkel des Universums – als könnte das Glück vom Himmel fallen! –, sondern begegnen wir mit wachen Augen den Anforderungen einer komplexen Wirklichkeit.

Lesbarkeit: 📖📖📖📖📖
Informationsgehalt: 📖📖📖📖📖

47

Rolf Dobelli

Die Kunst des klugen Handelns

Im Grunde handelt es sich bei *Die Kunst des klugen Handelns* um eine Fortsetzung oder auch nur Erweiterung des von uns sehr geschätzten *Die Kunst des klaren Denkens.* Weil aus den enthaltenen und hübsch konkreten Tipps aber noch einiges zur Lebensbewältigung herauszuholen ist, hier schnell zur Sache.

Die Kunst der Problemvermeidung. Die Zukunft ist schwierig vorherzusagen, niemand weiß, welcher Weg zum Erfolg führen wird. Leichter lässt sich hingegen bestimmen, was im Leben *nicht* funktioniert. Und wenn wir möglichst viele Fehler vermeiden, erhöht sich die Wahrscheinlichkeit erheblich, dass wir ans Ziel unserer Wünsche gelangen. Anders gesagt: Wenn wir die Wand schon sehen, macht es Sinn, auf die Bremse zu steigen und eine neue Richtung zu probieren.

Die Kunst des richtigen Timings. Wenn wir unserem Vorgesetzten auf die Nerven gehen und eine Entscheidung von ihm wollen, sollten wir den Besuch in seinem Zimmer auf den Vormittag legen. Unsere Willenskraft ermüdet im Laufe des Tages, weshalb wir uns am Abend gern um Entscheidungen drücken oder früher getroffene Vorhaben nicht durchhalten können.

Die Kunst der Selbstbeobachtung. Oft sind wir dermaßen von uns selbst überzeugt, dass wir alle anderen für unterbelichtet halten. Das ist vollkommen normal. Der Mensch glaubt nun einmal an die eigenen Ideen. Politiker sind von ihren Idealen auch dann überzeugt, wenn ihre Partei an der Fünf-Prozent-Hürde herumkrebst. Berücksichtigen wir unsere verzerrte Wahrnehmung, haben wir weniger Probleme, uns in der Wirklichkeit zurechtzufinden.

Die Kunst der Informationsverwertung. Wie uns die Großmutter schon sagte: Es macht wenig Sinn, Äpfel mit Birnen zu vergleichen. Wenn wir nach der richtigen Anlageform für unser Geld suchen, dürfen wir den Zinssatz auf einem Sparkonto nicht mit dem Kreditzins einer Anleihe gleichsetzen, denn das sind unterschiedliche Dinge. Wenn wir eine sinnvolle Entscheidung treffen wollen, müssen wir nach Informationen suchen, die zueinander passen.

Die Kunst der Ruhe. Uns erreicht täglich eine Flut an Informationen. Die Werbung in Radio und Fernsehen, die Nachrichten im Internet und den sozialen Medien. Und alle diese unterschiedlichen Sender haben ihre eigene Agenda und wollen uns von ihrem Angebot überzeugen. Um nicht auf die falsche Fährte zu geraten, ist es deshalb nicht dumm, sich selbst eine Informationsdiät zu verordnen. Lesen wir weniger Schlagzeilen, widmen wir uns lieber einem guten Buch oder einem ausführlichen Hintergrundartikel. Wirklich wichtige Nachrichten werden uns über unser Umfeld erreichen.

Die Kunst der Neidvermeidung. Der Mensch ist ein Gruppentier, was mit der Frühphase unserer Spezies zu tun hat und der berühmten Flucht vor dem Säbelzahntiger geschuldet ist. Allerdings stammt auch der menschliche (Futter-)Neid aus dieser Zeit, ein Gefühl, das heute eher überflüssig ist. Deshalb macht es Sinn, wenn wir uns ein Gebiet suchen, in dem wir wirklich der:die Beste sind. Alles andere ist letztlich Energieverschwendung.

Die Kunst des Zuhörens. Wenn wir vermeintlichen Expert:innen dabei zuhören, wie sie mit Fremdwörtern um sich schmeißen, sind wir schnell beeindruckt und glauben, was da behauptet wird. Das allerdings widerspricht oftmals den Tatsachen: Nur wer unsicher ist und wenig Ahnung von einem Thema hat, muss das hinter einer komplizierten Ausdrucksweise verstecken.

Die Kunst der Erinnerung. Leider können wir auch unserem eigenen Gehirn nicht vertrauen, da es sich oftmals eine sehr eigene Variante der Vergangenheit zurechtlegt. Wir vergessen unsere früheren Ansichten, wenn sie sich im Lauf der Zeit als falsch herausgestellt haben. Und nicht nur das: Wir legen uns alternative Wahrheiten und sogar bildhafte Erinnerungseindrücke zurecht, die uns aus heutiger Sicht wahrscheinlicher scheinen.

Die Kunst des Erfolgs. Wollen wir erfolgreich sein, müssen wir uns auf eine Sache konzentrieren. Die Erfahrung zeigt, dass jemand, der sich zu viele Türen offenhält, am Ende durch keine hindurchgeht. Wie das Sprichwort schon sagt: Es gibt nichts Gutes, außer man tut es.

Die Kunst der Einsicht. Viele Menschen glauben, dass uns eine Krise nur stärker macht. Das ist aber Unsinn: Eine Krise kostet Kraft und lässt uns geschwächt zurück. Reden wir uns also nicht ein, dass schlechte Dinge vielleicht gut seien, sondern versuchen wir stattdessen, einen offensichtlichen Fehler in Zukunft zu vermeiden.

Lesbarkeit: 📖📖📖📖📖
Informationsgehalt: 📖📖📖📖

48

Rolf Dobelli

Die Kunst des guten Lebens. 52 überraschende Wege zum Glück

Für die bequem veranlagten Leser:innen gibt es eine ganze Reihe von Ratgebern, deren Inhalt sich schnell zusammenfassen lässt: *Schließen Sie die Augen, richten Sie einen Wunsch ans Universum und warten Sie, dass alles gut wird.* Das klingt gemütlich, aber ob es auch funktioniert? Der Schweizer Unternehmer Rolf Dobelli hat einen besseren Vorschlag. Im Alltag werden wir zumeist mit sehr konkreten Problemen konfrontiert. Wollen wir ein zufriedenes Leben führen, dann sollten wir uns aktiv um genau diese Probleme kümmern – sie aus dem Weg räumen oder von vornherein vermeiden. Denn das ist, wie sich herausstellen wird, gar nicht so schwer.

Nehmen wir an, wir wären im Urlaub. Gleich am ersten Tag wird unser Portemonnaie gestohlen. Zwar finden wir es später wieder, aber das Geld ist futsch. Zwei Möglichkeiten: Wir können uns fürchterlich ärgern und für den Rest des Urlaubs mit schlechter Laune herumlaufen. Oder wir finden uns mit der Sache ab und hoffen, dass da jemand mit unserem Geld zumindest eine gute Zeit hat. Selbstverständlich ist Letzteres die sinnvollere Entscheidung, vor allem wenn uns an unserer eigenen Zufriedenheit gelegen ist. Zudem sollten wir es mit der Methode des *Mental Accounting* versuchen, um aus unseren Fehlern zu lernen. Woran lag es, dass das Portemonnaie gestohlen wurde? Haben wir uns in dunklen Ecken herumgetrieben? Die Geldbörse locker in der Hosentasche getragen? Wenn wir unser Verhalten zielgerichtet ändern, haben wir im nächsten Urlaub vermutlich weniger Sorgen. Das Leben ist grundsätzlich unberechenbar – aber wir können das Beste draus machen.

Die Meinung anderer ist uns wichtig – weshalb die Welt zum größten Teil aus Likes und Dislikes, Swipes und Comments besteht. Das ist enorm anstrengend. Vielleicht sollten wir uns etwas mehr auf uns selbst konzentrieren. In unserer Gesellschaft hat sich ein Phänomen etabliert, das sich *reziproker Altruismus* nennt. Viele von uns führen innerlich Buch über alle Gefallen, die uns andere erwiesen haben, und wir führen uns selbst deshalb ständig verpflichtet, zu allem und jedem sofort Ja zu sagen. Viel gesünder wäre es jedoch, wenn wir uns zukünftig an die *Fünf-Sekunden-Regel* halten. Wenn uns jemand um einen Gefallen bittet, warten wir fünf Sekunden, bevor wir zusagen. Oftmals kommt die andere Person prima selbst zurecht und unsere Mühe wäre im Grunde reine Zeitverschwendung. Selbstverständlich müssen wir höflich und hilfsbereit bleiben. Aber trotzdem: Es hilft unserer eigenen Zufriedenheit, wenn wir uns immer nur *sinnvoll* für andere engagieren.

Es wird uns zugutekommen, wenn wir uns nicht gleich die Arroganz einer Hollywood-Diva zulegen. Klar, wir haben uns das ein oder andere hart erarbeitet, und es gibt Dinge, die wir tatsächlich besser können als andere. Nichtsdestotrotz sollten wir bescheiden und dankbar bleiben. Stellen wir uns Zwillinge vor, die nach der Geburt getrennt werden. Der eine wächst in Bangladesch auf, der andere in Zürich. Die Chancen auf ein erfolgreiches und zufriedenes Leben stehen für den Schweizer Zwilling deutlich besser als für seinen Bruder in Bangladesch. Wenn wir ehrlich sind, ähneln unsere mitteleuropäischen Grundvoraussetzungen diesem Schweizer Zwilling. Und ehrlich müssen wir sein, um glücklich zu werden, denn Ehrlichkeit hat viel mit *echter Authentizität* und *Integrität* zu tun. Selbstüberschätzung hingegen ist gefährlich – früher oder später landet jede:r wieder auf dem Boden der Tatsachen.

Es gibt viele Dinge, die uns nur vermeintlich glücklich machen. Reichtum zum Beispiel gilt im Kapitalismus für die meisten Menschen als Hauptgewinn. Aber stimmt das? Macht Geld uns wirklich glücklich? Die psychologische Forschung hat die Bedeutung des Reichtums für unser Lebensglück längst infrage gestellt. Wir müssen genügend Einkommen haben, um für das Nötigste sorgen zu können – aber dann? Die Statistik ist verblüffend: In Deutschland ändert ein Jahreseinkommen ab 50 000 Euro nur noch wenig an der empfundenen Zufriedenheit einer Person. Und alles, was oberhalb von 100 000 Euro liegt, hat kaum noch Einfluss aufs Glück. Eine Langzeitstudie aus dem Jahr 1978 besagt: Bereits wenige Monate nach dem Hauptgewinn sind die meisten Lottomillionäre kaum glücklicher als vor der guten Nachricht. Hören wir also auf, uns so fürchterlich abzustrampeln und konzentrieren wir uns auf die einfachen Dinge im Leben. Ein schöner Ausflug mit der Familie, ein fröhlicher Abend mit Freunden – das alles kostet nur wenig und schafft oftmals glückliche Erinnerungen für den Rest des Lebens.

Lesbarkeit: 📖📖📖📖📖

Informationsgehalt: 📖📖📖📖📖

49

Spencer Johnson

Die Mäuse-Strategie für Manager. Veränderungen erfolgreich begegnen

Im Titel heißt es, das Buch sei für Manager, aber ehrlich: Die Geschichte wird dermaßen idiotensicher ausgewalzt, es könnte auch heißen *Die Mäuse-Strategie für Dummies.* Inhaltlich geht es um die ständigen Veränderungen im Leben, um die überraschenden Wechsel, die uns allen zu schaffen machen. Wann immer wir gerade zurechtkommen, ändert sich wieder alles: Die Ehe scheitert, der Job wird gekündigt, die nächste Pandemie klopft an die Tür. Ständig stehen wir vor neuen, unbekannten Herausforderungen und reagieren als Menschen darauf naturgemäß mit einer unstillbaren Sehnsucht nach Verlässlichkeit und einer nagenden Angst vor dem nächsten Tag. Das vorliegende Buch bietet eine Lösung des Problems, allerdings nicht in Form einer wissenschaftlichen Analyse oder eines Selbsterfahrungsberichts, sondern … als niedliche Geschichte von zwei Mäusen und zwei Zwergen.

Die beiden Mäuse und Zwerge leben in einem Labyrinth. Sie sind dort ständig auf der Suche nach Käse. Die Mäuse laufen einfach los, schnüffeln ein bisschen in den Ecken, und meist werden sie mit dieser Methode auch fündig. Ganz anders die Zwerge: Sie machen komplizierte Pläne, malen eine Karte des Labyrinths, überlegen, was passieren wird, wenn sie einmal keinen Käse mehr finden. Und dann, eines Tages, der Jackpot: Mäuse und Zwerge stoßen auf das Käselager K. Ein riesiger Vorrat der geliebten Leibspeise! Die Zwerge, die übrigens Grübel und Knobel heißen, werden bequem und gehen davon aus, dass der Käsevorrat ewig halten wird. Sie ziehen in das Käselager ein und schlagen sich gleich morgens die Mägen voll. Die Mäuse hingegen bemerken, dass der Käse weniger wird und sehen sich regelmäßig im Labyrinth nach Nachschub um. Als der Käsevorrat – oh, Überraschung – eines Tages aufgebraucht ist, stehen die Zwerge unter Schock. Sie laufen traurig im Lager herum und hoffen, dass wie von Geisterhand neuer Käse auftaucht. Die Mäuse hingegen nehmen die Veränderung mit einem Mäuseschulterzucken hin. Alles ist wie früher, es muss wieder gearbeitet werden. Wir lernen: Wer davon ausgeht, alles bleibe wie immer, der wird die ersten Anzeichen des Wandels übersehen. Wir sollten niemals glauben, etwas im Leben verdient zu haben. Alles, was uns geschenkt wird – ein toller Job, die große Liebe, eine Monsterportion Käse –, haben wir durch Glück bekommen. Es kann uns auch wieder genommen werden.

Die Zwerge haben nun Angst. Was, wenn sie sich auf Käsesuche in den unendlichen Weiten des Labyrinths verirren werden? Das ist typisch, nicht nur für Zwerge, sondern auch für Menschen: Veränderungen zwingen uns aus unserer Komfortzone. Wir wissen nicht, was uns erwartet, und diese Unsicherheit lähmt uns. Allerdings machte Knobel seinem Namen nun alle Ehre: Er knobelte, überlegte hin und her, wie er seine Angst überwinden könnte. Und er kam auf einen Gedanken: Verlangen! Je größer sein Verlangen nach Käse würde, desto eher würde er das Käselager verlassen und sich im Labyrinth auf die Suche machen. Und so ist das: Wir sollten uns genau ausmalen, was wir vom Leben wollen, das wird unser Verlangen stärken und uns Kraft geben, um endlich loszulegen.

Grübel bleibt im leeren Lager hocken. Er wird immer magerer, die Angst vor dem Labyrinth draußen wird größer. Knobel hingegen schleicht zunächst etwas verzagt durch die Gänge – die Käsestückchen, die er findet, sind nicht wirklich lecker. Aber er ist auch stolz auf sich selbst. Je weiter er läuft, desto besser fühlt er sich. Und schließlich findet er das Käselager N, wo die beiden Mäuse bereits gut gelaunt auf ihn warten. Merke: Es ist gut für unser Selbstbewusstsein, wenn wir unsere Komfortzone verlassen. Wir wachsen innerlich, weshalb uns das Loslegen beim nächsten Mal nicht mehr so schwerfallen wird. Unsere Komfortzone wird sich vergrößern. Selbstverständlich werden wir auch in der Zukunft unseren Job verlieren und auch die Liebe und selbstverständlich die Monsterportion Käse. Aber wir werden besser damit umgehen können.

Und was ist von dem Buch nun zu halten? Es bleibt etwas rätselhaft, warum *Die Mäuse-Strategie für Manager* mit über 28 Millionen weltweit verkauften Exemplaren ein derart erfolgreicher Titel wurde. Wer jedoch nichts gegen eine vergleichsweise niedliche Bildsprache hat, ist hier gut aufgehoben. Das Buch liefert keine bahnbrechend neuen Erkenntnisse, bietet die entscheidenden Hinweise aber in märchenhafter Verpackung.

Lesbarkeit: 🕮🕮🕮

Informationsgehalt: 🕮🕮🕮

50

Amy Morin

13 Dinge, die mental starke Menschen NICHT tun. Für alle, die sich heute besser fühlen wollen als gestern

Da schwitzt man eine geschlagene Dreiviertelstunde auf dem Crosstrainer, um dann, auf dem Nachhauseweg von der Muckibude, am Kiosk haltzumachen und sich die eben verbrannten Kalorien mit einem Griff ins Süßigkeitenregal zurück auf die Hüfte zu legen. Wie schön es wäre, die kleinen Erfolge des Alltags nicht ständig mit unseren schlechten Gewohnheiten sofort wieder zu vereiteln! Die Psychotherapeutin und Sozialpädagogin Amy Morin liefert in ihrem Buch eine sehr nützliche Liste aller Dinge, die es im Leben zu umgehen gilt. Gewissermaßen eine kompakte Zusammenfassung all dessen, was sich aus der Gesamtheit der Selbsthilferatgeber so lernen lässt!

1. *Mental starke Menschen vermeiden Selbstmitleid*

Im Alter von neun Jahren wurde bei Marla Runyan Morbus Stargardt diagnostiziert. Sie verlor nahezu ihre gesamte Sehkraft, trotzdem entwickelte sie eine Leidenschaft für das Laufen und gewann die Goldmedaille über 1500 Meter bei den Panamerikanischen Spielen. Marla Runyan bemitleidete sich nicht, sondern fühlte sich durch ihre Krankheit angespornt und war dankbar für alles, was in ihrem Leben passierte. Wir sollten es ihr nachtun: Wer dankbar ist, schläft besser und hat ein stärkeres Immunsystem.

2. *Mental starke Menschen haben stets Macht über ihr Leben*
Wenn wir uns die Kritik anderer zu sehr zu Herzen nehmen, fühlen wir uns klein und wertlos. Wir sind abhängig von fremden Meinungen und können nicht mehr selbst entscheiden, was wir tun wollen. Außerdem geraten wir in Wut auf andere, was uns noch mehr aus dem Gleichgewicht bringt. Besser ist es, wenn wir freundlich bleiben und anderen vergeben.

3. *Mental starke Menschen fürchten keine Veränderungen*
Greg Mathis stand mehrmals vor dem Jugendrichter, dann versprach er seiner Mutter am Sterbebett, sich zu bessern. Nach der Haftentlassung arbeitete er bei McDonald's, finanzierte sich ein Jura-Studium und wurde schließlich selbst als Richter vereidigt. Um einen solchen Wechsel im Leben hinzubekommen, müssen wir positiv bleiben. »Kann ich nicht« – das gibt es nicht. Wenn wir kleine Schritte von Tag zu Tag gehen, müssen wir vor den Veränderungen keine Angst haben.

4. *Mental starke Leute beharren nicht auf Dingen, die sie nicht verändern können*
Manche Dinge im Leben lassen sich nicht ändern. Wenn wir im Stau stehen und uns bloß ärgern, dass wir nicht vorankommen,

verschwenden wir kreative Energie. Wäre es nicht sinnvoller, die nächste Familienparty oder ein Kapitel unseres großen Romans zu planen?

5. *Mental starke Menschen wollen es nicht allen recht machen*
Von anderen bewundert zu werden ist eine schöne Sache. Wenn wir uns zu sehr nach anderen richten, verlieren wir jedoch den eigenen Weg aus den Augen. Weil wir es nicht allen Menschen recht machen können, wird uns nichts anderes übrig bleiben, als gelegentlich Nein zu sagen. Das ist normal und letztlich ehrlicher so.

6. *Mental starke Menschen scheuen keine kalkulierbaren Risiken*
Selbstverständlich müssen wir etwas wagen, um ans Ziel zu kommen. Wenn wir uns allerdings kopflos in das nächste Abenteuer stürzen – unseren Job kündigen, um ohne jede Erfahrung an der Börse unser Geld im Day-Trading zu machen –, dann werden wir auf die Nase fallen. Die Kunst besteht darin, dass wir unsere Chancen analysieren und nur solche Risiken eingehen, die wir abwägen können. Wir dürfen uns von unserer Angst nicht zurückhalten lassen. Aber wir wollen uns auch nicht sehenden Auges ins Verderben stürzen.

7. *Mental starke Menschen leben nicht in der Vergangenheit*
Es gibt Dinge, die uns nicht loslassen. Manches ist so schrecklich, dass es uns für den Rest des Lebens anhaftet. Unfälle, Verluste, Leid, das uns zugefügt wurde. Anderes ist so schön, dass wir es zurücksehnen: die erste Liebe, die unbeschwerte Jugendzeit. Am Ende zählt jedoch nur die Gegenwart. Wir sollten uns nicht davon abhalten lassen, mit ganzem Herzen in ihr zu leben.

8. *Mental starke Menschen machen nicht ständig dieselben Fehler*
Fehler sind Informationsquellen. Sie zeigen uns, dass wir eine Sache nicht optimal gelöst haben. Das ist kein Drama und sollte gewiss nicht dazu führen, dass wir es nicht noch einmal versuchen. Wir sollten kurz innehalten und analysieren, was schiefgelaufen ist. Unsere Fehler können wir aufschreiben und die Liste regelmäßig studieren – es wird uns davon abhalten, in der Hektik des Alltags wieder über denselben Stein zu stolpern. Auch Einschränkungen können sinnvoll sein. Wenn wir auf ein konkretes Ziel sparen, aber zu viel Geld ausgeben, sobald wir mit unseren Freund:innen unterwegs sind, sollten wir hin und wieder einen Abend zu Hause bleiben.

9. *Mental starke Menschen sind nicht neidisch auf den Erfolg anderer*
Neid ist ein weit verbreitetes und sehr menschliches Gefühl. Es bringt uns persönlich jedoch nicht weiter, wenn wir anderen ihr Glück nicht gönnen. Die Lösung: Wir suchen die Nähe zu erfolgreichen Menschen und lassen uns mitreißen.

10. *Mental starke Menschen geben nicht auf*
Niemand kommt ohne Niederlagen durchs Leben. Bestes Beispiel ist der Erfinder Thomas Edison. Wir alle haben von der Glühbirne gehört und können uns ein Leben ohne sie nicht vorstellen. Aber die »Geistermaschine«? Der »elektrische Stift«? Beide Erfindungen waren peinliche Flops, ebenso wie viele andere von Edisons Entwürfen. Entmutigen lassen hat der Ingenieur sich trotzdem nie – und es schließlich zu weltweitem Ruhm gebracht.

11. *Mental starke Menschen haben keine Angst vor dem Alleinsein*
In den ruhigen Stunden, die wir mit uns allein verbringen, können wir unsere kreativen Batterien aufladen und mit uns selbst ins Reine kom-

men. Was sind unsere Ziele im Leben? Wie fühlen wir uns? Sind wir gestresst? Woran mag es liegen, was können wir ändern? Empfehlenswert wäre, dass wir regelmäßig meditieren. Wissenschaftliche Studien der vergangenen Jahrzehnte haben nachgewiesen, dass Meditation die Hirnstruktur positiv beeinflussen und uns emotional stabilisieren kann.

12. *Mental starke Menschen glauben nicht, dass ihnen das Leben etwas schuldet*
Das Leben ist hart. Wenn es uns schlecht geht, glauben wir oft: Jetzt haben wir verdient, dass es wieder bergauf geht. Diese Haltung macht uns jedoch passiv. Das Glück wird nicht vom Himmel fallen, so sehr wir auch darauf hoffen. Und das ist auch gut so. Niemand kann wirklich Zufriedenheit aus einem Lottogewinn ziehen. Wir müssen uns die Dinge selbst erarbeiten, um uns unser Weiterkommen anzurechnen. Werden wir also demütiger, fragen wir unsere Freund:innen und Kolleg:innen, was wir in ihren Augen tun können, um uns zu entwickeln.

13. *Mental starke Menschen sind nicht ungeduldig*
Gemäß einer Studie aus dem Jahr 1975 hatten 25 Prozent der Befragten ihre guten Vorsätze für das neue Jahr nach bereits 15 Wochen wieder vergessen. Eine ähnliche Studie aus dem Jahr 1989 kam zu dem Ergebnis, dass sich der Zeitraum auf lediglich eine Woche verkürzt hatte. Fazit: Die Erwartungen an uns selbst sind oftmals unrealistisch. Sehen wir deshalb ein, dass wir hart arbeiten müssen, wenn wir uns verändern wollen – viele unserer Angewohnheiten sind tief in unserer Persönlichkeitsstruktur verankert. Auch sollten wir uns keine unrealistischen Fristen setzen – wir werden so lange brauchen, wie es unserem persönlichen Tempo entspricht. Und drittens sollten wir nicht davon ausgehen, dass die Umsetzung aller Vorhaben unser Leben von Grund

auf verändern wird. Am Ende werden es immer noch wir selbst sein, die am Morgen aufwachen und ein kleines und vollkommen normales Leben führen.

Lesbarkeit: 📖📖📖📖
Informationsgehalt: 📖📖📖📖

Bibliografie

Liebe, Beziehungen und Kommunikation

1 Eva-Maria Zurhorst: *Liebe dich selbst und es ist egal, wen du heiratest,* Goldmann 2009, 1. Edition, 400 Seiten, 10 €

2 Gary Chapman: *Die fünf Sprachen der Liebe. Wie Kommunikation in der Partnerschaft gelingt,* Francke-Buch 2010, 8. Edition, 155 Seiten, 13,95 €

3 Dale Carnegie: *Wie man Freunde gewinnt. Die Kunst, beliebt und einflussreich zu werden,* Fischer Taschenbuch 2011, 11. Edition, 304 Seiten, 13 €

4 Olivia Fox Cabane: *Das Charisma-Geheimnis. Wie jeder die Kunst erlernen kann, andere Menschen in seinen Bann zu ziehen,* mvg 2017, 320 Seiten, 9,99 €

5 Paul Watzlawick: *Anleitung zum Unglücklichsein,* Piper 2009, 15. Edition, 144 Seiten, 10 €

6 Friedemann Schulz von Thun: *Miteinander reden 1. Störungen und Klärungen. Allgemeine Psychologie der Kommunikation,* Rowohlt Taschenbuch 2010, 48. Edition, 320 Seiten, 11 €

7 Robert Greene: *Power – 48 Gesetze der Macht. Kompaktausgabe,* Carl Hanser 2013, 256 Seiten, 17 €

8 Joe Navarro: *Menschen lesen. Ein FBI-Agent erklärt, wie man Körpersprache entschlüsselt,* mvg 2010, 272 Seiten, 16,95 €

9 Martin Wehrle: *Der Klügere denkt nach. Von der Kunst, auf die ruhige Art erfolgreich zu sein. Mit Anti-Schwätzer-Training,* Goldmann 2020, 384 Seiten, 10 €

10 Albert Thiele: *Argumentieren unter Stress. Wie man unfaire Angriffe erfolgreich abwehrt,* dtv 2015, 320 Seiten, 9,90 €

11 Gloria Beck: *Verbotene Rhetorik. Die Kunst der skrupellosen Manipulation,* Piper Taschenbuch 2007, 336 Seiten, 9,99 €

Wohlbefinden und Psyche

12 Stefanie Stahl: *Das Kind in dir muss Heimat finden. Der Schlüssel zur Lösung (fast) aller Probleme,* Kailash 2015, 288 Seiten, 14,99 €

13 Ichiro Kishimi, Fumitake Koga: *Du musst nicht von allen gemocht werden. Vom Mut, sich nicht zu verbiegen,* Rowohlt Taschenbuch 2018, 16. Edition, 304 Seiten, 10 €

14 Stefanie Stahl: *So stärken Sie Ihr Selbstwertgefühl. Damit das Leben einfach wird,* Kailash 2020, 304 Seiten, 15 €

15 Christina Berndt: *Resilienz. Das Geheimnis der psychischen Widerstandskraft. Was uns stark macht gegen Stress, Depressionen und Burn-out,* dtv 2015, 288 Seiten, 9,90 €

16 Walter Mischel: *Der Marshmallow-Effekt. Wie Willensstärke unsere Persönlichkeit prägt,* Pantheon 2016, 4. Edition, 14,99 €

17 Reinhard Haller: *Die Narzissmusfalle. Anleitung zur Menschen- und Selbstkenntnis,* Ecowin 2019, 12. Edition, 208 Seiten, 21,90 €

18 Daniel Goleman: *EQ. Emotionale Intelligenz,* dtv 1997, 2. Auflage, 422 Seiten, 9,90 €

Spiritualität und Übersinnliches

19 Eckhart Tolle: *Jetzt! Die Kraft der Gegenwart,* Kamphausen Media 2010, 15. Edition, 272 Seiten, 14,80 €

20 Dale Carnegie: *Sorge dich nicht, lebe! Die Kunst, zu einem von Ängsten und Aufregungen befreiten Leben zu finden,* Fischer Taschenbuch 2011, 9. Auflage, 416 Seiten, 11,99 €

21 Rhonda Byrne: *The Secret. Das Geheimnis,* Arkana 2007, 240 Seiten, 16,99 €

22 Joseph Murphy: *Die Macht Ihres Unterbewusstseins. Das Original,* Ariston 2016, 320 Seiten, 22 €

23 Jan Becker: *Entspannt schaffst du alles! Mit neuen Meditations- und Hypnosetechniken zu mehr Gelassenheit und Erfolg,* Piper Paperback 2018, 288 Seiten, 16,99 €

24 Napoleon Hill: *Denke nach und werde reich. Die Erfolgsgesetze,* Ariston 2005, 112 Seiten, 4,99 €

Effizienz und Arbeit

25 James Altucher: *Choose Yourself! Be Happy, Make Millions, Live the Dream,* CreateSpace Independent Publishing Platform 2013, 274 Seiten, ca. 8 €

26 Mario Locher: *Was ich mit 20 Jahren gerne über Geld, Motivation, Erfolg gewusst hätte,* FinanzBuch 2020, 304 Seiten, 16,99 €

27 Simon Sinek: *Finde dein Warum. Der praktische Wegweiser zu deiner wahren Bestimmung,* redline 2018, 208 Seiten, 19,99 €

28 Brian Tracy: *Eat that Frog. 21 Wege, wie Sie in weniger Zeit mehr erreichen,* Gabal 2019, 19. Auflage, 20 €

29 Kathrin Passig, Sascha Lobo: *Dinge geregelt kriegen – ohne einen Funken Selbstdisziplin,* Rowohlt 2010, 288 Seiten, 10 €

30 Roy Baumeister, John Tierney: *Die Macht der Disziplin. Wie wir unseren Willen trainieren können,* Goldmann 2014, 352 Seiten, 11 €

31 Cal Newport: *Konzentriert arbeiten. Regeln für eine Welt voller Ablenkungen,* redline 2017, 272 Seiten, 19,99 €

32 Richard Bandler, Roberti Alessio, Owen Fitzpatrick: *Die ultimative Einführung in NLP. Werkzeuge für ein erfolgreiches Leben,* Bookmark NLP 2015, 160 Seiten, 19,90 €

33 Christiane Stenger: *Lassen Sie Ihr Hirn nicht unbeaufsichtigt. Gebrauchsanweisung für Ihren Kopf. Neues von der Gedächtniskünstlerin,* Goldmann 2016, vollständige Taschenbuchausgabe, 288 Seiten, 9,99 €

34 Catherine Price: *Endlich abschalten. Warum Urlaub vom Smartphone uns Zeit, Glück und Liebe schenkt,* Rowohlt Taschenbuch 2018, 208 Seiten, 9,99 €

35 Tony Buzan: *Speed Reading. Schneller lesen – mehr verstehen – besser behalten,* mvg 2017, 304 Seiten, 12,99 €

Erfolg und persönliche Entwicklung

36 James Clear: *Die 1%-Methode – minimale Veränderung, maximale Wirkung. Mit kleinen Gewohnheiten jedes Ziel erreichen. Mit Micro Habits zum Erfolg,* Goldmann 2020, 368 Seiten, 13 €

37 Tim Ferriss: *Tools der Titanen. Die Taktiken, Routinen und Gewohnheiten der Weltklasse-Performer, Ikonen und Milliardäre,* FinanzBuch 2017, 736 Seiten, 29,99 €

38 Bernhard Moestl: *Die 13 Siegel der Macht. Von der Kunst der guten Führung,* Knaur TB, 272 Seiten, 10,99 €

39 Bodo Schäfer: *Die Gesetze der Gewinner. Erfolg und ein erfülltes Leben,* dtv 2003, 256 Seiten, 9,90 €

40 Anthony Robbins: *Das Robbins Power Prinzip. Befreie die innere Kraft,* Ullstein 2004, 544 Seiten, 16 €

41 Stephen R. Covey: *Die 7 Wege zur Effektivität. Prinzipien für persönlichen und beruflichen Erfolg,* Gabal 2018, 56., überarbeitete Auflage, 416 Seiten, 24,90 €

42 Mark Manson: *Die subtile Kunst des darauf Scheißens,* mvg 2017, 224 Seiten, 16,99 €

43 Tom Rath: *Entwickle deine Stärken. Mit dem StrengthsFinder 2.0,* redline 2014, 5. Auflage, 16,99 €

44 Dan Ariely: *Denken hilft zwar, nützt aber nichts. Warum wir immer wieder unvernünftige Entscheidungen treffen,* Droemer TB, 6. Edition, 448 Seiten, 10,99 €

45 Daniel Coyle: *Erfolg braucht kein Talent. Der Schlüssel zu Höchstleistungen in jedem Bereich,* riva 2019, 224 Seiten, 9,99 €

46 Rolf Dobelli: *Die Kunst des klaren Denkens. 52 Denkfehler, die Sie besser anderen überlassen,* Piper Taschenbuch 2019, 3. Edition, 256 Seiten, 9 €

47 Rolf Dobelli: *Die Kunst des klugen Handelns. Neuausgabe: komplett überarbeitet, mit großem Workbook-Teil,* Piper Taschenbuch 2020, 400 Seiten, 22 €

48 Rolf Dobelli: *Die Kunst des guten Lebens. 52 überraschende Wege zum Glück,* Piper Taschenbuch 2019, 5. Edition, 384 Seiten, 10 €

49 Spencer Johnson: *Die Mäuse-Strategie für Manager. Veränderungen erfolgreich begegnen,* Hugendubel 2007, 104 Seiten, 7,90 €

50 Amy Morin: *13 Dinge, die mental starke Menschen NICHT tun. Für alle, die sich heute besser fühlen wollen als gestern,* Fischer Taschenbuch 2016, 4. Edition, 256 Seiten, 14,99 €